U0817286

温　故　而　知　新

鶗鴂
文庫

胡居仁与陈献章

吕妙芬 著

浙江古籍出版社

图书在版编目(CIP)数据

胡居仁与陈献章 / 吕妙芬著. —杭州：浙江古籍出版社，2021.1
ISBN 978-7-5540-1769-2

Ⅰ.①胡… Ⅱ.①吕… Ⅲ.①胡居仁(1434—1484)—哲学思想—研究 ②陈献章(1428—1500)—哲学思想—研究 Ⅳ.①B248.995 ②B248.15

中国版本图书馆 CIP 数据核字(2020)第 127028 号

胡居仁与陈献章

吕妙芬　著

出版发行　浙江古籍出版社
(杭州市体育场路 347 号　邮编：310006)
网　　址　https://zjgj.zjcbcm.com
责任编辑　刘　蔚
文字编辑　周　密
封面设计　吴思璐
责任校对　吴颖胤
责任印务　楼浩凯
照　　排　浙江时代出版服务有限公司
印　　刷　浙江全能工艺美术印刷有限公司
开　　本　880mm×1230mm　1/32
印　　张　5.125
字　　数　119 千
版　　次　2021 年 1 月第 1 版
印　　次　2021 年 1 月第 1 次印刷
书　　号　ISBN 978-7-5540-1769-2
定　　价　40.00 元

目　录

序　论

我选择研究胡居仁（1434～1484，敬斋）、陈献章（1428～1500，白沙）二人思想，是基于对以下两个问题的关切：胡居仁和陈献章个人学问内涵的异同，以及二人在明代学术发展史中的定位。从个人学问内涵的观点看，胡居仁和陈献章同处于明初儒学界，共同师事吴与弼（1391～1469，康斋），也同样效法吴与弼“绝意科举、慨然作圣”的精神。黄宗羲说：“（敬斋）以有主言静中之涵养，尤为学者津梁。然斯言也，即白沙所谓‘静中养出端倪，日用应酬，随吾所欲，如马之御衔勒也’，宜同门冥契。”[①]侯外庐也说：“余干学派，在吴与弼理学中是‘得其笃志力行’的……是指在吴与弼的静观、静中涵养的方法，刻苦奋励，笃志不改。至其大端，与陈献章并无实质的区别。”[②]均以胡居仁、陈献章二人学问中隐然存在着一种同门相契的学风精神。但我们若转看胡、陈二人的文字风格与生活方式，立刻可察觉到他们完全不同的生命情调。胡居仁的《居业录》是属于语类体析理式的问答；

① 黄宗羲，《明儒学案》（台北：华世出版社，1987），卷二，页 30。

② 侯外庐编，《宋明理学史》（北京：人民出版社，1987），下卷，页 145。

陈献章的文集则充满诗歌体情境式的抒发。胡居仁“左绳右矩，每日必立课程，详书得失以自考，虽器物之微，区别精审，没齿不乱”，[①]是近乎宗教仪式般庄严谨敬的生活；而陈献章“或浩歌长林，或孤啸绝岛，或弄艇投竿于溪涯海曲”，[②]则是寄情天地山水的逍遥自在。另外，对于主讲于象征程朱理学精神的白鹿洞书院，胡居仁的殷殷厚望与陈献章的慨然拒绝，亦透露着二人对传统儒学见解之差异。而胡居仁对陈献章学问的极力批评，指斥为禅学，不仅源于二人性情与风格的迥异，更因二人的学问具有某些根本性的差异。因此，胡居仁和陈献章学问中的同与异，实是一耐人寻味的问题，这也就是本书并提二人思想所欲探究的课题。

再者，从学术发展史的角度看，明代初期是由程朱理学到阳明心学发展中的一个关键时期，此时学术界已弥漫着注重心体、讲求身体力行的学风，[③]此学术氛围是阳明心学发生的重要背景。而胡居仁、陈献章二人，正是这个关键时期中最具名望与影响力的大儒，此从整个明朝仅有四人获得陪祀孔庙的殊荣，而胡、陈二人均在列的事实，即可见一斑。因此，不仅胡、陈二人的思想值得深入研究，对他们思想的了解，亦能深化我们对理学发展史的认知。

一般思想史都以胡居仁为朱学之秀，以陈献章为王学先驱。我们从《胡文敬集》也看见胡居仁屡屡致书当时的学者，如罗伦（1438～1480）、张昶（d. 1508）、张元祯（1437～1506）等，极力辩论陈献章学问

---

① 黄宗羲，《明儒学案》，卷二，页 29。

② 黄宗羲，《明儒学案》，卷五，页 80。

③ 见第一章第二节。

之非，欲维护圣学门第。[①] 由此我们或可说，在胡居仁与陈献章身上，我们正可窥见理学、心学易位前某种对峙的情形。然而，心学之发展并非独立于朱学之外；相反的，朱学内部为此发展提供了相当的根据。[②] 而且胡居仁的学说也显明了反求于内、身体践履的心学色彩。故胡居仁、陈献章之学除了具有某种对立性外，从整体学术演变的角度来看，二人又有着呼应承转的关系。透过对此二人思想的研究来观照学术史的发展，并探讨二人的学术定位，即是本书的另一重要课题。

上述两个课题——个人的思想内涵、大时代学风与长期的学术发展——其实有着不可分割的关联性。一个人的思想内容主要是针对其生存时代所进行的思索与回应，虽然个人独特的创造力，常常是促使人类文明变动的重要力量，也是创造历史的主因，然而时代和社会所形成的复杂机制，却具有主导和限制个人创造的力量。因而，要研究一个人的思想内涵，不可能只注重其思想的表达而忽略其所生存的社会及所处的学术环境；然而，我们对一个时代的了解，却也仰赖我们对当时个别思想家有更正确的认识。在此个人、时代与学术史三者互动交织的关系中，我们对任何一方面的了解正依赖于对其他方面的了解，不断更新的知识也催促着我们不断修正从前的认知。限于个人之学力，本书对于明代政治、经济、社会的研讨有明显的疏忽，所讨论的重点仍主要集中在胡居仁和陈献章的思想内容，以及理

① 胡居仁在《与罗一峰》《奉张廷祥》《奉宪副张希仁》等书均提及陈献章学问太虚妙，有违正学，望学者留意。胡居仁，《胡文敬集》(台北：台湾商务印书馆，1986)，卷一，页30b～33b，33b～34a，34b～35a。

② 见下文。

学的传承与发展。第一章“南宋至明初的理学发展”，主要概述从朱子理学到明初的学术发展与学风转变，希望借此提供对胡居仁、陈献章二人所处的时代一大体的观照，作为进一步讨论二人思想的学术史背景。此章并不想突显胡居仁和陈献章的个别性，而是透过长期学术史的视角，来观看传统对二人在这段学术发展史中的定位，这也是本文的出发点。第二章“胡居仁与陈献章思想研究”，主要由二人的文字风格、思想内涵、生命情调去探讨二人学问的异同。第三章，再度回到“从理学到心学”长期学术史的观照，则是将胡居仁、陈献章，与理学和心学代表人物朱熹(1130～1200)、王阳明(1472～1528)进行比较，希望透过对四位学者思想的比较，能进一步突显胡、陈二人的学术特质，及其在学术史上的重要意义。此章在深入讨论胡、陈二人思想之后，再探学术定位的问题，是尝试对传统学术史观点进行反思，希望提出比第一章的概述更深刻的理解。

第一章　南宋至明初的理学发展

南宋朱熹和陆九渊(1139～1192)的学说,一般均被视为理学和心学的代表,甚至被赋予某种学派对峙的意味,但这两派学说在当时及后代所拥有的影响力并不相当。[①] 朱子生前,学说虽曾遭朝廷所禁,[②]但朱子死后不久,伪禁解除,不仅其学说能继续流传,更因着朝廷科举的倚重而形成学术独霸的局面;陆学却不同,陆九渊死后,即消沉不显。思想史要历经三百年后,到明代中叶王阳明兴起,才再一次把心学带到高峰,也再次使陆九渊的著作与声名获得彰显。[③] 然而这段从理学到心学的发展历程,并不是由陆九渊学说的复活而引起,而是根源于朱子学内部的发展而来。我当然不是要完全排除陆学对后学的启发与影响,只是学术的变化更多反应着当代的问题,也更多是与主流(思潮)对话的结果。在南宋以降一片朱子学风之中,理学

---

① 见下一节。

② 参见冯琦原编,陈邦瞻纂辑,《宋史纪事本末》(台北:台湾商务印书馆,1956),卷八〇,页 678～685。

③ 王阳明提倡陆象山之学,并在正德十六年(1521 年)刻《象山文集》,令抚州府金溪县官吏遍访陆象山子孙,免其差役,并具名提学道送学肄业。这对陆学之再显有重要影响。见《王阳明年谱》,收于《王阳明全书》(台北:台北正中书局,1979),第四册,页 125。

本身随着时代、人物而有各种转变，南宋曾被贬黜的朱子学，在元、明已成了士子们攀登仕途的踏石阶，成圣之学成了利禄之学的规定范本。朱子学不但是每一位士子的必读教材，它也因着举业所伴随的利禄观念，成为许多学者所批判的对象。然而无论信奉或批判，朱子学都深切地主导着明代士子们的学习内容。即使明初逐渐酝酿着一股强调身体力行的心学风气，这也是在朱子学范围内发展、蜕变的产物。

本章将简要说明从南宋到明初学术发展的历史。第一节讨论南宋到元代的理学传承及重要的学风表现；第二节讨论元代到明初的学风特色，及其作为心学发展关键期的要素。希望透过对长期学术发展的简要勾勒，能够提供我们一个比较整体性的观照点，也让我们对胡居仁、陈献章二人所处的时代学风，以及传统对其学术的定位，有更宽广的认识。

第一节　南宋末年至元代

南宋朱熹集宋代理学之大成，[①]同时期的陆九渊在学说上与朱子有相当的距离，在当时学界也具有重要影响，后人更以理学、心学加以区分二人的学问特色。然而，这两个具有某种对立意义的学派在南宋到明初的三百年间，并没有构成均势的局面。陆九渊早年在家乡金溪槐堂书院授徒，晚年在贵溪应天山立象山精舍讲学，弟子大体

① 陈荣捷在《朱熹集新儒学之大成》一文，就朱熹于新儒学之发展与完成、道统之建立，及《四书》之形成三方面，讨论朱子集宋代儒学之大成。见陈荣捷，《朱学论集》(台北：学生书局，1982)，页 1～35。

分布在江西、浙东两地。陆九渊去世后，陆学中心从江西移到浙东，家乡的势力快速消沉，成为朱学的天下。故黄宗羲曰："其学脉流传，偏在浙东。"[①]全祖望(1705～1755)："象山之门，必以甬上四先生为首。"[②]甬上四先生指杨简(1141～1225)、袁燮(1144～1224)、舒璘(1136～1199)、沈焕(1139～1191)。南宋时期的陆学，尚有杨简可与朱学相抗衡，到了元代，陆学只有陈苑、赵偕等人努力持守师说，[③]然已无法抗拒整体社会从下到上的一片朱子学风。

与陆学的快速消沉相反，朱子学派却在南宋末年快速蹿升，终于席卷整个学术界，成为独霸学术的局面。其间的因素自然很多，但以朱子寓自己思想于大量的书籍注释之成就，众多弟子在士大夫社群中所发挥的力量，以及朝廷制度性的提倡，应是最重要的原因。[④] 由于朱子学在这时期的广大影响力，强烈主宰着学术的发展与风气之递嬗，故下文将先讨论南宋到元代的朱子学传承。

宋孝宗淳熙十年(1183)郑丙(1121～1194)上疏请禁道学，曰："近世士夫有所谓道学者，欺世盗名，不宜信用。"[⑤]淳熙十五年

---

① 黄宗羲撰，全祖望补，《宋元学案》(台北：中华书局，1984)，卷七七，页2。

② 黄宗羲撰，全祖望补，《宋元学案》，卷七四，页1。

③ 全祖望："径畈殁而陆学衰，石塘胡氏虽由朱而入陆，未能振也。中兴之者，江西有静明(陈苑)，浙东有宝峰(赵偕)。"见黄宗羲撰，全祖望补，《宋元学案》，卷九三，页1a。

④ 据陈荣捷所记，朱子门徒分布于福建、浙江、江西、湖南、安徽、江苏、四川、湖北、广东、河南、山西，几乎来自全国，人数众多。见陈荣捷，《朱门之特色及其意义》，《朱学论集》，页281。朱子学从南宋末年始逐渐为朝廷所用，成为官方意识形态的主要思想内容。见 Liu, James T. C., "How Did a Neo-Confucian School Become the State Orthodoxy?" Philosphy East and West 23. 4 (1973): 483 ～ 505; Hoyt Cleveland Tillman, Confucian Discourse and Chu Hsi's Ascendancy (Honolulu: University Of Hawai'i Press. 1992), pp. 231～263.

⑤ 陈邦瞻，《宋史纪事本末》，卷八〇，页679。

(1188)，兵部侍郎林栗(1142 年进士)与朱子论《易》《西铭》不合，遂劾朱曰："熹本无学术，徒窃张载、程颐之绪余，为浮诞宗主，谓之道学，妄自推尊，所至辄携门生数十人，习为春秋战国之态，妄希孔孟历聘之风。绳以治世之法则，乱人之首也。"①绍熙五年(1194)七月，宋宁宗即位，虽曾召朱子为侍讲，②但当时韩侂胄(1152～1207)擅权，朱子上疏忤侂胄，遂遭"褫职罢祠"，并更改"道学"为"伪学"，此即是所谓的道学之禁。朱门在遭伪禁之初，也大受打击，黄榦(1152～1221)曰：

> 向来同学之士，今凋零殆尽。闽中则潘谦之、杨志仁、林正卿、林子武、李守约、李公晦，江西则甘吉父、黄去私、张元德，江东则李敬子、胡伯量、蔡元思，浙中则叶味道、潘子善、黄子洪，大约不过此数人而已。③

朱子殁后，学禁渐弛。宋理宗宝庆三年(1227)追赠朱子信国公，朱子地位得到恢复。④ 元代以降，朱子学更成为科举考试的标准，统御读书人的思想。⑤ 因此，从元、明以降，朱子学一直占有稳固的地位，而其间学术的主要传承则如黄百家(1643～1709)所言：

---

① 陈邦瞻，《宋史纪事本末》，卷八〇，页 680。

② 参见王懋竑，《朱子年谱》(台北：世界书局，1984)，卷四上，页 194～212。

③ 黄榦，《复李贯之兵部书》，《勉斋先生黄文肃公文集》(北京：线装书局，2004)，卷十四，页 7a。

④ 嵇璜，《续文献通考》(台北：台湾商务印书馆，1983)，卷 48，页 1b；脱脱，《宋史》(北京：中华书局，1977)，卷 41，页 789。

⑤ 元仁宗皇庆二年(1313)诏定科举、定条例，第一场为明经经疑二问，自《四书》出题，用《朱子章句》。考经义，《诗》以朱注为主，《尚书》以蔡氏为主，《周易》以程氏、朱氏为主。见《元史》(台北：鼎文书局，1981)，卷八一，页 2018～2019。

> 黄勉斋榦得朱子之正统，其门人一传于金华何北基，以递传于王鲁斋柏，金仁山履祥，许白云谦。又于江右传饶双峰，其后遂有吴草庐澄，上接朱子之经学，可谓盛矣。[①]

即以黄榦为中心，下分两派：(1)金华一派传何基(1188～1269)、王柏(1197～1274)、金履祥(1232～1303)，入元则为许谦(1270～1337)，史称为金华四先生。此派金履祥弟子柳贯(1270～1342)，又传明初大儒宋濂(1310～1381)。[②] (2)江西一派传饶鲁(1193～1264)，饶鲁传程若庸，再传则为元代吴澄(1249～1333)。[③]

此外，朱子门人陈淳(1159～1223)，一生未仕，于朱子思想有所推展；朱子再传弟子黄震(1213～1280)、真德秀(1178～1235)，以及与真德秀齐名的私淑门人魏了翁(1178～1237)，均是南宋重要的理学家，也是传承朱子学的重要学者。[④] 因南宋偏安江南，上述学者主要在南方；到了元代，北方也逐渐受到朱子学的影响，据黄百家言：

> 自石晋燕云十六州之割，北方之为异域也久矣。虽有宋诸儒叠出，声教不通。自赵江汉(复)以南冠之囚，吾道入此，而姚枢、窦默、许衡、刘因之徒，得闻程朱之学以广其传，由是北方之学郁起。[⑤]

又《新元史》曰：

---

① 黄宗羲撰，全祖望补，《宋元学案》，卷八三，页 1b。

② 黄宗羲撰，全祖望补，《宋元学案》，卷八二《表》，页 5a。

③ 黄宗羲撰，全祖望补，《宋元学案》，卷八三《表》，页 1a～b。

④ 侯外庐编，《宋明理学史》(北京：人民出版社，1984)，上卷，第十六章、二十一章、二十二章。

⑤ 黄宗羲撰，全祖望补，《宋元学案》，卷九〇，页 1b。

自赵复至中原，北方学者始读朱子之书。许衡、萧𣂏讲学为大师，皆诵法朱子者也。金履祥私淑于朱子之门，许谦又受业于履祥。朱子之学，得履祥与谦而益尊。迨南北混一，衡为国子祭酒。谦虽屡聘不起，为朝廷所礼敬。承学之士，闻而兴起，《四书章句集注》及《近思录》《小学》通行于海内矣。延祐开科，遂以朱子为取士之规程。终元之世，莫之改易焉。①

随着赵复被掳至北方，程朱理学开始在北方流传。元代统一南北后，当时身为国子祭酒的许衡（1209～1281）在朝廷中大力推展朱子学说，则是元代儒学的重要领袖，也进一步奠定程朱学作为官学的地位。以上简述南宋到元代重要的理学传承，底下将介绍这些重要理学家的思想重点，以突显这段时期的学术风尚。

一、南宋理学家

黄榦（1152～1221，字直卿，勉斋先生）是朱子门下第一高足，朱子以女妻之。全祖望引袁桷（1266～1327）云："朱子门人当宝庆、绍定间，不敢以师之所传为别录，以黄公勉斋在也。"②黄震更以他为继朱子、张栻（1133～1180）、吕祖谦（1137～1181）三先生后的第一人："乾淳之盛，晦庵、南轩、东莱称三先生。独晦庵先生得年最高，讲学最久，尤为集大成。晦庵既没，门人……独勉斋先生强毅自立，足任负荷。"③可见他在朱门中的影响力。

① 柯绍忞，《新元史》（台北：艺文印书馆，1951），卷二三四，页 1a。
② 黄宗羲撰，全祖望补，《宋元学案》，卷六三，页 12b。
③ 黄宗羲撰，全祖望补，《宋元学案》，卷六三，页 11b～12a。

黄榦虽没有哲学专书，然因其为朱子学派的中心人物，学说也以发挥朱子中心思想为主，故影响后代甚钜。陈荣捷说，黄榦对太极观念的探讨、对道统的阐扬，都直接影响了后代学者。[①] 虽然黄榦在《中庸总论》《中庸总说》中，也论及道之体用的问题，但他的为学宗旨应是(圣贤道统传授总叙说)中所记：

> 居敬以立其本，穷理以致其知，克己以灭其私，存诚以致其实。以是四者而存诸心，则千圣万贤所以传道而教人者，不越乎此矣。[②]

可见黄榦主要承朱子"居敬穷理"内外兼修的为学进路，且重视在身心上用功。陈荣捷指出，居敬穷理之言在黄榦的文章中出现得很频繁，而且黄榦对于道德修养比哲学探求更有兴趣："榦于上达之学如理、气或穷理等，几未予阐说，榦谓'古人为学，大抵先于身心上用功'，此在黄榦亦即'无非欲人检点身心，存天理，去人欲而已'。"[③]

陈淳(1159～1223，字安卿，学者称北溪先生)曾两次到朱熹门下求教，第一次在朱熹守漳州时(1190～1191)，朱熹教以"上达"之理；十年后第二次求见，当时朱熹已寝疾，教以"下学"之功。[④]

朱熹死后，他避居南陬，从事讲学。面对当时的朱陆之争，他不仅积极批评陆学，也致力于发扬朱子思想，对朱子学的流传贡献很

---

① 陈荣捷论到黄榦对朱子道统观及太极的重视，对后代学者有很大的影响。陈荣捷，《元代之朱子学》，《朱学论集》，页 299～329。

② 黄宗羲撰，全祖望补，《宋元学案》，卷六三，页 3a。

③ 陈荣捷，《元代之朱子学》，《朱学论集》，页 328；页 309。

④ 《宋元学案》："及文公守漳，请教文公，曰：凡阅义理必穷其原。先生闻而为学益力，日求所未至，文公数语人以南来吾道喜得陈淳。后十年，复往见文公，陈其所得，时文公已寝疾，语之曰：如今所学已见本原，所阙者下学之功尔。"见《宋元学案》，卷六八，页 1a。

大。全祖望对他学术地位有如下的评述：

> 沧洲诸子，以北溪陈文安公为晚出，其卫师门甚力，多所发明，然亦有操异同之见而失之过者。[①]

陈淳的思想主要建立在解释、发挥朱子思想上，《严陵讲义》《四书性理字义》是其代表作。在《严陵讲义》中，陈淳讨论了天理、道统、致知力行等问题；在《性理字义》，他则疏释《四书》中的哲学用语，发扬朱子思想，也表达自己的见解。蒙培元指出，陈淳以"天命"为一切的最终根源，自天命而下，讲太极、理、道、性，而归结于心，并以"致知力行"为重点。[②] 关于"心"，陈淳说：

> 天道无外，此心之理亦无外；天道无限量，此心之理亦无限量；天道无一物之不体，而万物无一之非天，此心之理亦无一物之不体，而万物无一之非吾心。天下岂有性外之物，而不统于吾心是理之中也哉？[③]
>
> 此心之量极大，万理无所不包，万事无所不统。古人每言学必欲其博，孔子所以学不厌者，皆所以极尽乎此心无穷之量也。孟子所谓尽心者，须是尽得个极大无穷之量，无一理一物之或遗，方是真能尽得心。[④]
>
> 心虽不过方寸大，然万化皆从此出，正是源头处。[⑤]

---

① 黄宗羲撰，全祖望补，《宋元学案》，卷六八，页 1a。

② 蒙培元《理学的演变：从朱熹到王夫之戴震》（福州：福建人民出版社，1984），页92～110。

③ 陈淳，《心体用说》，《北溪大全集》（台北：台湾商务印书馆，1983），卷十一，页 3a～b。

④ 陈淳，《北溪字义》（台北：台湾商务印书馆，1983），卷上，页 19b。

⑤ 陈淳，《北溪字义》，卷上，页 19a。

以心体为天理之所在，万事万化之源头，而天下万物无一之非我心，学问道德之成，即在穷此心之量。这种说法相当突显“心体”的重要性，看似与陆九渊的心学思想接近，但是在修养论上，陈淳很重视气质之蔽，也讲求主敬致知之功。他说：

人惟拘于阴阳五行所值之不纯，而又重以耳鼻口四肢之欲为之累。于是此心始梏于形气之小，不能廓然大同无我，而其灵亦无以主于身矣。人之欲全体此心而常为一身之主者，必致知之力到，而主敬之功专。①

虽然心体是根源，但只有透过致知主敬的工夫，此心体才可能正确发用，此正是他持守朱子学说、批评陆学的关键处。② 他不仅强调致知主敬，更重视知与行的交互发用：

（致知力行）二者亦非截然判先后为二事，如车两轮，如鸟两翼，实相关系，盖亦交进而互相发也，故知之明则行愈达，而行之力则所知又益精矣。③

此处发挥朱子“知行并进”之说，而不以“知”先于“行”，虽不是如王阳明“知行合一”在理论上提出崭新见解，仍可见其欲将行与致知工夫更紧密结合的意思。他又说：

---

① 陈淳，《北溪大文集》，卷十一，页 1b～2a。

② 陈淳“求道过高者，宗师佛学，陵蔑经典，以为明心见性不必读书，而荡学者于空无之境”；“圣门用工节目，其大要不过曰致知力行而已”；“圣门工夫自有次序，非如释氏妄以一超直入之说，欺愚惑众。预从下学，方可上达，格物致知，然后动容周旋无阻。陆学厌繁就简，忽下趋高，阴窃释氏之旨，阳托圣人之传，最是大病”。见黄宗羲撰，全祖望补，《宋元学案》，卷六八，页 3b；8a。

③ 陈淳，《用功节目》，《北溪大全集》，卷十五，页 5a。

> 大抵圣学以力行为主,而致知以副之。以力行为主,则日日皆是行底事;以致知为副,日间讲究皆所以达其行,彻首尾无容丝发间。①

由此可见,陈淳的学问以力行为主,“知”是要知“所以行”,即是为“行”而知。

真德秀(1178～1235,字景元,后更名景希,一说希元,学者称西山先生)受学于朱熹弟子詹体仁(1143～1206),是南宋末年声望很高的理学家。《宋史》称:“自侂胄立伪学之名以锢善类,凡近世大儒之书,皆显禁以绝之。德秀晚出,独慨然以斯文自任,讲习而服行之。党禁既开,而正学遂明于天下后世,多其力也。”②全祖望:“乾淳诸老之后,百口交推,以为正学大宗者莫如西山。”③二者均以他为南宋儒学之宗主。

真德秀的思想祖述朱子,对朱子极为推崇,他说:“巍巍紫阳,百代宗师。”④黄宗羲说他依傍朱子门户,“不敢自出一头地,盖墨守之而已”,⑤意指其思想的独创性不高。但值得注意的是,真德秀强调“体用不二”的观念,以及以“理”为人伦之理的特点。

> 天下未尝有无理之器,无器之理。即器以求之,则理在其中。⑥

① 陈淳,《与陈伯澡论李公晦往复书》,《北溪大全集》,卷二八,页 8b。
② 脱脱,《宋史》(台北:鼎文书局,1980),卷四三七,页 12964。
③ 黄宗羲撰,全祖望补,《宋元学案》,卷八一,页 9a。
④ 引自侯外庐编,《宋明理学史》,上卷,页 609。
⑤ 黄宗羲撰,全祖望补,《宋元学案》,卷八一,页 1b。
⑥ 真德秀,《问大学只说格物不说穷理》,《西山先生真文忠公文集》(上海:上海书店,1989),卷三〇,页 12a。

> 昔者圣人言道必及器，言器必及道，尽性至命而非虚也，洒扫应对而非末也。①

道、器在观念上虽可区分，但在实然存在上，必须认清其体用本末的不可割裂性。故在为学进路上，真德秀以下学上达为主，强调“实”字：

> 天之生物无一之非实，理之在人亦无一之非实。故立心以实意为主，修身以实践为贵，讲学以实见为是，行事以实用为功。此尧舜周孔相传之正法也。②

对真德秀而言，君臣父子间仁敬孝慈的人伦表现，是天赋与人所以然、所当然的天理，此天理既存于人之心体上，“心”也就成了格物穷理的用功所在。他说：

> 所当然如为君当仁，为臣当敬，为子当孝，为父当慈，与国人交当信之类。此乃道理合当如此，不如此则不可，故曰所当然也。然仁、敬、孝、慈、信之属，非是人力强为，有生之初，即禀此理，是乃天所与也，故曰所以然。③
>
> 反诸身而求之，方其人欲未萌，天理完具，方寸之间盎然如春，此即汝本心之全体也。推是心以往，其事亲必敬，其事长必顺。④

---

① 真德秀，《昌黎濂溪二先生祠记》，《西山先生真文忠公文集》，卷二五，页 6b。

② 真德秀，《大学衍义》（济南：山东友谊书社，1991），卷十三，页 13。

③ 真德秀，《问其所当然而不容已与其所然而不容易》，《西山先生真文忠公文集》，卷三〇，页 8b～9a。

④ 真德秀，《志道字说》，《西山先生真文忠公文集》，卷三三，页 5b。

> 欲穷理而不知持敬以养心，则思虑纷纭，精神昏乱，于义理必无所得。知以养心矣，而不知穷理，则此心虽清明虚静，又只是个空荡荡地物事，而无许多义理以为之主，其于应事接物必不能皆当，释氏禅学正是如此。①

真德秀虽强调反身而求的重要，却不落入虚静，根本上仍是朱子“居敬穷理”的途径。

魏了翁（1178～1237，字华父，学者称鹤山先生）与真德秀齐名，二人对于理学在南宋的发展均有大贡献。魏了翁谈及自己与真德秀的关系说：“惟与公同生于淳熙，同举于庆元，自宝庆讫端平，出处又相似，然而志同气合则海内寡二”，②意指二人在尊崇道学上“志同气合”。黄百家也说：“从来西山、鹤山并称，如鸟之双翼，车之双轮，不独举也。”③不过，论及二人学术思想时，黄百家承黄宗羲之说对二人做出高下之别：“两家学术虽同出于考亭，而鹤山识力横绝，真所谓卓荦观群书者，西山则依门傍户，不敢自出一头地，盖墨守之而已。”④至于魏了翁的学问，蒙培元认为其治学首重“道贵自得”“反求于心”“循环读经以自明此心”，确实是一卓荦观群书、不墨守成说的儒者。⑤他虽私淑朱子，却十分强调心体的主体性与学问的自得。魏了翁说：

---

① 真德秀，《问学问思辨乃穷理工夫》，《西山先生真文忠公文集》，卷三〇，页 9b～10a。

② 魏了翁，《参知政事资政殿学士致仕真公神道碑》，《鹤山先生大全文集》（上海：上海书店，1989），卷六九，页 12。

③ 黄宗羲撰，全祖望补，《宋元学案》，卷八一，页 1b。

④ 黄宗羲撰，全祖望补，《宋元学案》，卷八一，页 1b。

⑤ 蒙培元，《理学的演变：从朱熹到王夫之戴震》，页 128～141。

心者，人之太极，而人心又为天地之太极，以主两仪，以命万物，不越诸此。①

此心之外，别有所谓天地神明者乎？抑天地神明不越乎此心也？②

人与天地一本也。天统元气以覆万物，地统元形以载万物，天地之广大，盖无以加也。而人以一心兼天地之能，备万物之体，以成位两间，以主天地，以命万物，辟阖阴阳，范围造化，进退古今，莫不由之，其至重至贵盖若是。③

他发挥了邵雍（1011～1077）“心为太极”的思想，以为“天地神明不越乎此心”，颇有陆九渊“宇宙即吾心，吾心即宇宙”的气象。又以人心为兼天地之能、备万物之体，能主天地、命万物，故一切自然事物与人伦日用，均取决于心，修德成圣的关键也在此心。他又说：

心之神明则天也，此心之所不安则天理之所不可，天岂屑屑然与人商校是非邪？《诗》云：敬天之怒，无敢戏渝。违心所安是戏渝也。④

不以天理来作为人心之规限，却反过来说“此心之所不安，则天理之所不可”，可见在魏了翁思想中，“心”已跃升至一更高的地位，对于心之神明也具有更强的自信，故其工夫也有明显向内求心的倾向。例如他说：

---

① 魏了翁，《乙酉上殿札子》，见黄宗羲撰，全祖望补，《宋元学案》，卷八〇，页12a。
② 魏了翁，《乙酉上殿札子》，见黄宗羲撰，全祖望补，《宋元学案》，卷八〇，页1b。
③ 魏了翁，《论人心不能与天地相似者五》，《鹤山先生大全文集》，卷十五，页8a。
④ 魏了翁，《跋师厚卿致仕诗》，收入黄宗羲撰，全祖望补，《宋元学案》，卷八〇，页11b。

以六经《语》《孟》为本，使人即事即物穷理以致其知，而近思反求精体实践，期不失本心焉耳。[①]

书益广，而废学者深湛之思；词益繁，而非古人萃涣之义。……学者诚能玩天在山中之象，而知多识言行者，将以反观内省，蕴实含美为辉光日新之本。[②]

黄震(1213～1280，字东发，学者称於越先生)是南宋末年浙江朱学大家，全祖望说："四明之专宗朱氏者，东发为最。"[③]黄震之学源于朱子，朱熹弟子辅广传余端臣，再传王文贵，三传而至黄震。[④] 黄震的思想主张经世致用，提倡实事实功之学，反对空谈义理，也反对"用心于内"的为学方法。他发挥了朱子学说的另一个面向：

孔门未有专用心于内之说也。用心于内，近世禅学之说耳，后有象山，因谓曾子之学是里面出来，其学不传，诸子是外面入去，今传于世皆之学，非孔子之真，遂于《论语》之外，自称得不传之学。凡皆源于谢氏之说，此说今视晦庵殊不侔。使晦庵集注于今日，谢氏之说，不知亦收载否？二说虽集注所并收，然不可不考其异。[⑤]

黄震认为用心于内是禅学，陆九渊的学问正是此类，而朱子注《四书》时用了谢良佐(1050～1103)向内之说，黄震以为与其格物思想不侔，而有此间。由此可见他在区分"心内物外"上，比朱子更明确。而于

① 魏了翁，《论敷求硕儒开阐正学》，《鹤山先生大全文集》，卷十六，页 17a～b。

② 魏了翁，《伊洛渊源录序》，《鹤山先生大全文集》，卷五五，页 2b～3a。

③ 黄宗羲撰，全祖望补，《宋元学案》，卷八六，页 1a。

④ 黄宗羲撰，全祖望补，《宋元学案》，卷六四《表》，页 1a。

⑤ 黄震，《读论语曾子三省章》，《黄氏日抄》(台北：台湾商务印书馆，1983)，卷二，页 4a～b。

理学家所谓的“七六字心传”，他也直斥为禅学：

近世喜言心学，舍全章本旨而独论人心、道心，甚者单摭道心二字而直谓即心是道，盖陷于禅学而不自知，其去尧、舜、禹授受天下之本旨远矣。①

黄震也极重视实事实功：

世不患不见其(朱子)明理之书，患不见其论政之书耳。②

太极之理至精，而太极之图难状，得晦翁剖析分明，今三尺童子皆可晓，遂获闻性命之源，以为脱去凡近之基本，即盍反而实修其在我者矣。或乃因其余说，或演或辩，浸成风俗，不事躬行，惟言太极。呜呼！周子亦不得已言之，孔子惟教人躬行耳。③

其(朱熹)说虽根柢于无极太极，实则归宿于仁义中正，虽探原于阴阳性命，实则体验于躬行践履。虽亦未尝不主于心，实则欲正此心以达之天下国家之用，非其他所谓即心是道，绝物而立于独，弃实而流于虚也。④

黄震对当时学界主要的批评是：“徒有终身之议论，竟无一日之躬行，甚至借以文奸，转以欺世，风俗大坏，甚不忍言。”⑤故主张以躬行救弊。他说“今日之所少者，不在讲说，而在躬行”，⑥“圣门之学惟欲约

---

① 黄震，《读尚书人心惟危一章》，《黄氏日抄》，卷五，页 2b。
② 黄震，《晦庵与江玉汝往复帖序》，《黄氏日抄》，卷九〇，页 10a。
③ 黄震，《周子太极通书》，《黄氏日抄》，卷三三，页 2a。
④ 黄震，《建昌车溢溪桥记》，《黄氏日抄》，卷八八，页 15a～b。
⑤ 黄震，《余姚县学讲义》，《黄氏日钞》，卷八二，页 9b。
⑥ 黄震，《抚州辛未冬至讲义》，《黄氏日钞》，卷八二，页 1a。

之使归于实行”。[1] 而黄震对“格物穷理”的理解，也主要表现为在实物中求的笃实态度，他说：

> 物莫不有理，人莫不有知。不说穷理却言格物，理无捉摸，言物则理自在。[2]

“理无捉摸，言物则理自在”，有理在事中、道在器中之意，[3]此虽不能与清代“形上义衰微”“即器物以言道”的学风相提并论，却是很突出地表达了不离实事实物以讲求圣学的态度。学者认为黄震是程朱学的修正者，[4]应是就这种向外肯定的学术特质说的。

二、元代理学家

这一小节将主要讨论许谦、许衡、吴澄三人的思想，并稍微涉及三人所属之金华、河北、江西学派。

(一)金华学派

金华学派始于何基，何基在江西从黄榦得闻朱子学，回到金华后传王柏、金履祥，再传许谦，何、王、金、许即史称“金华四君子”。金华学派不仅是朱学的重要宗派，学术更自成一格，对后代学术亦有重要影响。

何基(1188～1269，字子恭，学者称北山先生)曾随父居江西，适黄榦为县令，得以闻其学。黄榦首先教他为学要真心实地，刻苦工

---

① 黄震，《抚州辛未冬至讲义》，《黄氏日钞》，卷八二，页 2a。

② 黄震，《读本朝诸儒理学书五》，《黄氏日抄》，卷三七，页 8a。

③ 蒙培元，《理学的演变：从朱熹到王夫之戴震》；侯外庐编，《宋明理学史》上卷，页 626～631。

④ 侯外庐，《宋明理学史》上卷，页 622～644。

夫，也引导他进入程朱理学，从此奠立他思想的主要精神。临别时，黄榦又告诉他："但读熟《四书》，使胸次浃洽，道理自见。"①何基回到金华后，于故居修身、讲学，一生不仕。他笃守朱子学，不轻著述，王柏称其："平时不著述，惟研究考亭之遗书，兀兀穷年，而不知老之已至。"②我们从何基自述己学，更能见其问学的态度：

> 某少受学勉斋黄先生，授以紫阳夫子之传，自此服膺讲习，辛勤探索。每愧天分不强，年齿浸暮，义理之蕴奥难窥，师友之渊源日远，汲汲欲自修分以内事，以是与世几成隔绝，故非窃隐逸之行以为高也。③

王柏(1197～1274，字会之，号鲁斋)，何基弟子，少慕俗学，后幡然感悟，弃其旧习，屏绝科举之业，日夜探讨洙泗伊洛之渊源，毕生专研圣人之学。④ 他相当重视社会现实问题，也富怀疑精神，所作《书疑》《诗疑》等书代表这种精神。而所主张"由分殊而理一"的认识方法，不仅是他个人，也是这个学派的共同态度，既表现为具体的经世思想，也表现为重视传疏经学的工作。

> 学者苟未究其分之殊，又安能识其理之一？夫岂易言欤！愿诸君宽作岁月，大展规模，自洒扫应对，威仪动作，以至于身心性情之德；自礼乐、射御、书数……莫不各有当然之则，所谓"万一各正，小大有定"也。于此事事物物上各见得一个太极，然后

---

① 王柏，《何北山行状》，《何北山先生遗集》(上海：上海古籍出版社，1997)，卷四，页 4b。
② 王柏，《何北山行状》，《何北山先生遗集》，卷四，页 9b。
③ 何基，《辞牍》，《何北山先生遗集》卷一，页 9a。
④ 王柏，《上王右司书》，《鲁斋集》，卷七，页 6a。

> 体无不具，用无不周也。异时出而从政，决不误人之天下国家，决不自误此身而负此生矣。此分殊所以最切于学者。[①]

这种由实际事物上去把握各事物之理，而期达到融会“一理”的学问方式，与朱子的格物穷理主张一致。他的弟子金履祥(1232～1303，字吉父，学者称仁山先生)同样体现了这种治学方法，不仅于天文、地形、礼乐、兵谋、阴阳、律历等都有深入研究，于经学、史学的成就更是昭著。清人陆心源(1834～1894)说他：“其学以由博返约为主，不为性理之空谈。经史皆有撰述，《尚书》则用功尤深。”[②]这种“由博返约，不为性理空谈”的下学上达之法，同样为许谦(1270～1337，字益之，号白云山人)所强调：

> 学须随事随理求其知，求其能，逐一习令明，习令熟，必明一理又求知一理，熟一事又求能一事。[③]
>
> 天下事物虽无穷，却只是一个道理串在里面。理之原出于天，在天地虽浑然至大，而事事物物各自不同，其理亦流行寓其中。……但理虽同，须是就一事一物上看得透，行得彻。及万事万物上皆如此，然后可见总会处。……若于事物上不曾见得道理，便说一贯，只是虚谈。穷事物之理既多，不知一贯之义，却又窒塞。[④]

以上所论金华学派的学者都明显强调在具体事物上用功，故于

① 引自侯外庐，《宋明理学史》上，页659～660。

② 陆心源，《重刊金仁山先生尚书注序》，收入金履祥，《书经注》(北京：中华书局，1991)，页1～2。

③ 许谦，《读论语丛说》上(台北：台湾商务印书馆，1981)，《学而章》，页1b。

④ 许谦，《读论语丛说》上，《一贯章》，页30a。

"博文"的贡献极大，与陆九渊用功于内的心学精神则有较大差距。黄宗羲对此有如下的评述：

当仁山、白云之时，浙河皆慈湖一派，求为本体，便为究竟，更不理会事物，不知本体未尝离物以为本体也。故仁山重举斯言[①]以救时弊，此五世之血脉也。后之学者昧却本体，而求之一事一物间，零星补凑，是谓无本之学，因药生病又未尝不在斯言也。[②]

许谦三十一岁就学于金履祥，甚受器重，金履祥死后，许谦从事讲学，当时学者翕然往从，"远而幽、冀、齐、鲁，近而荆、扬、吴、越，皆不惮百舍来受业焉"[③]。金华学派至此而达鼎盛，故《行实》称其：

出于三先生之乡，而克任其承传之重。遭逢圣代，治教休明，三先生之学，卒以大显于世。然则程子之道得朱子而复明，朱子之道至先生而益尊。[④]

许谦虽也博览群书，但于理学则较拘守家法，尤其重视《四书》，他说："圣人之事，圣贤之心，具在《四书》，而《四书》之义，备于朱子。"[⑤]所著《读四书丛说》《读书丛说》《诗集传名物钞》等书，宗旨都在阐发朱学。故《四库全书总目提要》说：

---

① 上处"斯言"指"理不患其不一，所难者分殊耳"。此乃本李延平告朱子之言，金履祥亦以此语告许谦。见黄宗羲撰，全祖望补，《宋元学案》，卷八二，页18。

② 黄宗羲撰，全祖望补，《宋元学案》，卷八二，页20b。

③ 宋濂，《元史》（台北：鼎文书局，1981），卷一八九，页4319。

④ 黄溍，《白云许先生墓志》，《全华黄先生文集》（台北：艺文印书馆，1971），卷三十二，页10a。

⑤ 宋濂，《元史》，卷一八九，页4319。

> 谦虽受学于王柏，[1]而醇正则远过其师。研究诸经亦多明古义，故是书所考名物音训，颇有根据，足以补集传之阙遗。[2]

由传求经的治学方法是金华学派的特色，所谓“醇正远过其师”则指许谦更专守朱子思想而言。

（二）河北学派

元代河北学派的流传以赵复（字仁甫，学者称江汉先生）被掳至北方为关键，据《元史》记载，赵复曾在太极书院作《传道图》《伊洛发挥》《师友图》《希贤录》传授程朱理学。[3] 当时北方正是“虽知有朱夫子，未能尽见其书”的景况，[4]因此得赵复之传而理学大盛。

河北学派重要的学者有窦默（1196～1280）、姚枢（1203～1280）、许衡、刘因（1249～1293）等人，其中最著名者是在朝为官、学以用世的许衡，和隐逸不仕、宁为师儒的刘因。《宋元学案》引陶宗仪（1316～1403）《辍耕录》曰：“初许衡之应召也，道过真定，因谓曰：‘公之一聘而起，无乃速乎？’衡曰：‘不如此则道不行。’及先生（刘因）不受集贤之命，或问之，乃曰：‘不如此则道不尊。’”[5]可见二人出处之异。然而以对当时理学之发展而言，身为国子祭酒的许衡，实有更大的影响。

许衡（1209～1281，字平仲，学者称鲁斋先生）在元朝任集贤院大

---

① 应为金履祥，此或泛指其学出于何基、王柏、金履祥三先生。
② 永瑢，《四库全书总目提要》（台北：台湾商务印书馆，1983），卷十六，经部十六，页 1a。
③ 宋濂，《元史》，卷一八九，页 4314。
④ 皮锡瑞，《经学历史》（台北：文海出版社，1964），页 54～58。
⑤ 黄宗羲撰，全祖望补，《宋元学案》，卷九一，页 2b。

学士兼国子祭酒，[1]教授蒙古子弟，又以弟子十二人分处各斋为斋长，教授朱子学，使天下之人皆诵习程朱之学，元朝不少官员均出其门下。[2] 许衡曾上“时务五事”疏于忽必烈，力主以汉法为立国规模，直接影响了元代国学及文教政策，也促成了以朱子《四书集注》为科举标准的实施。

许衡思想的要点，主要在推崇《小学》的践履工夫，及“反求诸心”的用功方法。他不仅自得于《小学》，并以此书开道学者，更曾说：“《小学》《四书》，吾敬信如神明，能明此书，虽他书不治可也。”[3]当他随姚枢学时，曾手抄《伊川易传》《四书集注》《小学》《或问》，遂由早年的章句训诂之学转向义理之学，下面一段文字可清楚见此转变：

> 壬寅，雪斋隐苏门，传伊洛之学于南士赵仁甫，先生即诣苏门访求之，得伊川《易传》，晦庵《论》《孟》集注，《中庸》《大学》章句、《或问》《小学》等书。读之，深有默契于中，遂一一手写以还，聚学者谓之曰：“昔所授受，殊孟浪也，今始闻进学之序。若必欲相从，当悉弃前日所学章句之习，从事于《小学》洒扫应对，以为进德之基，不然当求他师。”众皆曰：“唯。”遂悉取向来简帙焚之，使无大小，皆自《小学》入。先生亦旦夕讲诵不辍，笃志力行，以身先之，虽隆冬盛暑不废也。……自得伊洛之学，冰释理顺，美如刍豢，尝谓终夜以思，不知手之舞，足之蹈。[4]

---

① “世祖出王秦中，召为京兆提学，世祖即位，召至京师授国子祭酒。寻谢病归，至元二年，以安童为右丞相，使先生辅之，乃上书言立国规模。四年又归，五年复召至，七年又归，明年以为集贤大学士兼国子祭酒。”见黄宗羲撰，全祖望补，《宋元学案》，卷九〇，页 2。

② 黄宗羲撰，全祖望补，《宋元学案》，卷九〇，页 2a。

③ 黄宗羲撰、全祖望补，《宋元学案》，卷九〇，页 5b。

④ 许衡，《考岁略》，《鲁斋遗书》(台北：台湾商务印书馆，1983)，卷十三，页 29b～30a。

《小学》是朱熹所著关于童蒙道德行为教育的书籍，强调教育应从洒扫应对等日常工夫入手，许衡取之为圣学的入门要道，而尽弃章句训诂，可说剥落朱子思想中“博文”的色彩，而专力于“笃行”“约礼”之讲求。这种约礼的工夫，又表现为求诸心的特色。许衡说：

> 人与天地同，是甚底同？人不过有六尺之躯，其大处同处指心也，谓心与天地一般。①
>
> 盖上帝降衷，人得之以为心。心形虽小，中间蕴藏天地万物之理，所谓性也，所谓明德也。虚灵明觉，神妙不测，与天地一般。故圣人说，天地人为三才。②

因人心蕴藏天地之理，故说此心与天地同，且是人之“大本”所在，圣人之学正是在立此心之大本。他又说：

> 这经纶大经、立大本、知化育三件事，都从圣人心上发出来，乃至诚无妄，自然之功用，不须倚靠他物而后能。③
>
> 圣人是因人心固有良知良能上扶接将去，他人心本有如此意思，爱亲敬兄，蔼然四端，随感而见。圣人只是与发达推扩，就他元有的本领上进将去，不是将人心上元无的强去安排与他。④

这种心之良知良能、包具众理的思想，在朱子学说中也很重要；但是认为不须倚靠他物而能得，则与朱子格物之学不类，而更具心学的色彩。

---

① 许衡，《语录》下，《鲁斋遗书》(台北：台湾商务印书馆，1983)，卷二，页 12b～3a。
② 许衡，《论明明德》，《鲁斋遗书》，卷三，页 17a。
③ 许衡，《中庸直解》，《鲁斋遗书》，卷五，页 77b。
④ 许衡，《语录》上，《鲁斋遗书》，卷一，页 9b～10a。

(三)江西学派

同为黄榦所传的江西学派,自饶鲁传程若庸,再传至吴澄,以吴澄为代表性学者。这一学派最大特点在于"和会朱陆"的精神,这或许与江西为陆九渊的家乡有关。

饶鲁(字伯舆,一字伯元,号双峰)虽为黄榦弟子,但其学并不严守朱子门户。全祖望说:"双峰亦勉斋之一支也,累传而得草庐,说者谓双峰晚年多不同于朱子,以此诋之,予谓是未足以少双峰也。"[①]程钜夫(1249～1318)也以为饶鲁之于朱学,不是拘守章句,乃是"泳泽穷源,抉根披枝,共泗而分流,异出而同归"。[②] 二人虽为之辩护,但由此仍可见在学问风貌上饶鲁实异于朱子。

吴澄(1249～1333,字幼清,号草庐)是江西学派的大儒,与许衡齐名,有"南吴北许"之称。他十五岁时读朱熹《大学章句》,后拜程若庸为师,成为饶鲁的再传弟子;又曾师事程绍开(1212～1280),程以"和会朱陆"为学旨,吴澄更是在和会朱陆上展现他重要的理学成就。《宋元学案》曰:

> 今人谈陆子之学,往往曰以本心为学。而问其所以,则莫能知陆子之所以为学者何如。是本心二字,徒习闻其名,而未究竟其实也。夫陆子之学,非可以言传也,况可以名求哉!然此心也,人人所同有,反求诸身,即此而是。以心而学,非特陆子为然,尧、舜、禹、汤、文、武、周、孔、颜、曾、思、孟,以逮周、程、张、邵

---

① 黄宗羲撰,全祖望补,《宋元学案》,卷八三,页1a。
② 程钜夫,《双峰先生文集序》,《雪楼集》(台北:"中央图书馆",1970),卷十四,页11b。

诸子，莫不皆然。故独指陆子之学为本心，学者非知圣人之道者也。[①]

吴澄将陆九渊的本心说推至尧舜以来圣人之道的共说，并以为“朱陆二师之为教一也，而二家庸劣之门人，各立标榜，互相诋訾”，[②]即强调朱陆在学问根本处并无差异，争论乃庸劣门人所为。侯外庐指出，当时抱持这种打破门户之见、主张和会朱陆的学者尚有史蒙卿（1247～1306）、郑玉（1298～1358）、徐霖、胡长孺等人，其中又有偏陆、偏朱之别。[③] 至于吴澄之学，其以“尊德性”为主，是“多右陆”；[④]而其经学之成就，能承续朱学，则又是“终近乎朱”。[⑤] 这是朱陆之学在他身上和会的具体表现，至于这种和会是否能真正消融二家之异，则是另一个问题。[⑥]

关于“尊德性”方面，吴澄曾说：

词章记诵，华学也，非实学也；政事功业，外学也，非内学也。知必真知，行必力行，实矣，内矣。然知其所知，孰统会之？行其

---

① 黄宗羲撰，全祖望补，《宋元学案》，卷九二，页 7b。

② 黄宗羲撰，全祖望补，《宋元学案》，卷九一，页 7a。

③ 侯外庐，《宋明理学史》上卷，页 753～758。

④ 黄百家：“草庐尝谓学必以德性为本，故其序陆子静语录曰：道在天地间，今古如一，当反之于身，不待外求也。先生之教以是，岂不至简至易而切实哉。不求诸己之身而求诸人之言，此先生之所大悯也。议者遂以草庐为陆氏之学云。”黄宗羲撰，全祖望补，《宋元学案》，卷九二，页 4a。

⑤ 全祖望：“草庐出于双峰，固朱学也，其后亦兼主陆学。盖草庐又师程氏绍开，程氏常筑道一书院，思和会两家。然草庐之著书，则终近乎朱。”黄宗羲撰，全祖望补，《宋元学案》，卷九二，页 1a。

⑥ 陈荣捷：“吴澄与郑玉俱有意调和两家道问学与尊德性所从入之途径与态度，但在哲学意义上之调和，则未尝努力。……吾人对于此一会和两家学说最佳机会之丧失，殊觉可惜。”陈荣捷，《元代之朱子学》，《朱学论集》，页 317。

> 所行，孰主宰之？无所统会，非其要也。无所主宰，非其至也。孰为孰要，为至心是已。[①]

既然惟心能主宰统会，此处所说“实学”，很显然是求诸于内(心)的实学，非向外追求实事实功的经世之学，此与金华学派之言“实”不相同。吴澄又说：

> 朱子于道问学之功居多，而陆子以尊德性为主。问学不本于德性，则其蔽必偏于语言训释之末。故学必以德性为本。[②]
>
> 盖闻见虽得于外，而所闻所见之理则具于心，故外之物格，则内之知致，此儒者内外合一之学。固非如记诵之徒，博览于外而无得于内，亦非如释氏之徒，专本于内而无事于外也。[③]

德性之知是一切学问的根本，也是天所赋予、内在于人心之明德。吴澄以“格物”为外学，即道问学之事，其功用只在启发内在的德性之知，故只能视为第二序功夫。而最重要的德性之知，只能于心中求之：

> 伥伥如无目之人，坐无烛之室，金玉满堂而冥然莫知其有此宝也。倘能感前圣之所已言，求吾心之所同得，而一旦有觉焉，譬如目翳顿除，烛光四达，左右前后，至宝毕见，皆吾素有，不可胜用也。[④]

吴澄虽主张为学首务在向内求德性之知，也以词章记诵和政事

---

① 吴澄，《王学心字说》，《吴文正公集》(台北：新文丰出版社，1985)，卷五，页 27b。

② 黄宗羲撰，全祖望补，《宋元学案》，卷九二，页 1a。

③ 吴澄，《评郑夹漈通志答刘教论》，《吴文正公集》，卷二，页 4b～5a。

④ 黄宗羲撰，全祖望补，《宋元学案》，卷九二，页 5b。

功业为外学，却没有偏狭地放弃在经史学术上的研究，反而在经学上取得非凡的成绩。黄百家赞许其经学成就曰："朱子门人多习成说，深通经术者甚少，草庐《五经纂言》，有功经术，接武建阳，非北溪诸人可及也。"[①]《五经纂言》接续朱子之经学，其中三礼部分更是完成朱熹未竟之业；[②]然而他的训释工作能脱去汉唐旧说，与内心体悟相合，如其自言于《易》书用功至久："皆自得于心，下语尤精，其象例皆自得于心，庶乎文周系辞之意。"[③]可见吴澄对经学的重视，既接近朱子，也重视内心体悟，此应是其和会朱陆之学的具体表现。

综上所论，我们借由这些南宋到元代重要理学家的思想概论，可将这段时期的学风归纳为二：(1)"重视心体"的学风；(2)"务实"的学风。我们从陈淳、真德秀、魏了翁，到元代之许衡和吴澄之学，可看见一股重视心体的学风正逐渐形成。"务实"的学风是学者们普遍强调的，又表现为"实践笃行"和注重"实事实功"两种态度。亦即，虽同样重视"践履"之学，但如何理解"践履"的真谛，则有差别。魏了翁、许衡以倾向于内求的心学作为践履之实；黄震、金华学派则反对这种只向内求心的为学态度，他们认为注重在实事上磨炼的经世之学，才是真正的践履之学。而在此一致强调身体力行的学风下，元代的许衡强力推展《小学》工夫，摒弃章句博文之学，吴澄也以"尊德性"领导"道问学"。因此我们可以说，到了元代，以修身为主而强调心体的学风实已逐渐高过经世的学风。

---

① 黄宗羲撰，全祖望补，《宋元学案》，卷九二，页 2a。

② 全祖望："《礼记》为草庐晚年所成之书，盖奉朱子未竟之绪而申之，用功最勤。"黄宗羲撰，全祖望补，《宋元学案》，卷九一，页 16a。

③ 黄宗羲撰，全祖望补，《宋元学案》，卷九二，页 9b。

第二节　明代初期

上一节简要说明理学从南宋到元代有“务实”与“重视心体”两个学风，到了元代，在“务实”方面更表现为强调“实践笃行”为主的学术取向。明朝初期，这两个学风有更加明显的倾向，此深切地关系着明代中期阳明心学的展开。而实践笃行与重视心体两者，其实有着密切的关联性。讲求践履必重视道德行为和亲身的体验，而理学家认为道德行为之根源直接落在心体上，而且“心”作为身之主宰，一切身体所感受、判断、从事的活动都取决于心，故“心”便成为讲学中极受关注的课题，即使程朱之学也不例外。

另外，就学术史的发展而言，宋儒无论是程颐（1033～1107）讲“涵养须用敬，进学则在致知”或朱子讲“居敬穷理”，在为学工夫上均强调“涵养”“格物”交相发用的二路并进。虽然这两种工夫不可被截然区分为内/外、主观/客观或行/知等对立的范畴，但是在有关“涵养”的讨论中，“心”确实是核心论点，强调人只要去掉气质之蔽，心体所具之理（全善）即显明；相对地，讨论“格物”则重在穷格万事万物中的理。尽管两者间有着细致复杂的关系，然而毕竟讨论的重点一在以人为主的“心”，另一则在以宇宙万物为主的“理”。而南宋以降朱子后学的发展则是理气论、宇宙论逐渐衰微，学者普遍强调实践笃行，而削弱对玄虚形上之学的兴趣，[①]转向对内在“涵养”及“心体”的重视。换言之，即使对程朱学而言，重视心体和讲求践履也都是重要的课题，而随着程朱学在南宋以降的发展，这两者有更加强的趋势。[②]因此，明初特有的理学风气主要是程朱学的发展结果，而其对心体自主性的逐渐重视，也助长了明中晚期阳明心学的开展。底下我将进一步讨论明初儒学中“实践笃行”与“重视心体”两股学术风尚。

一、实践笃行的学风

明代结束元朝的异族统治，再一次由汉民族统治全国。对朱子学的发展而言，大致是承袭了元代以朱学为官学的政策，科举考试基本上也是承袭元仁宗皇庆二年(1313)以来的规模，但是在政策的精神与意义上，仍有显著的变化。山下龙二说道：

> 明代初期的思想界是将具有宋代思想之集大成的意味之朱子学继承下来的。这是因为……明朝有民族主义的倾向。在元代时期，朱子学姑且还被认是官学，这一事实虽然也表示着汉民

---

① 蒙培元：“南宋朱子后学中，如陈淳、真德秀、魏了翁等人，他们认为性命之学朱熹已经说尽，无可再说，剩下的只有实行了。王夫之说：‘朱子没而嗣其传者无一人。’”(《宋论》)这是很有道理的。蒙培元，《论朱熹理学向王阳明心学的演变》，《哲学研究》，1983年6期，页61～69。

② 山井涌：“重视心，提倡心的工夫，这在朱熹本身也同样，因而朱熹本身也有心学的因素。”山下龙二：“(明初)心的修养受到重视的这一点，跟在朱学本身之中已经有“心”的立场之一点，有彼此共通的地方。”陈荣捷：“此一学派(朱学)变迁之来，非来自象山，而实由于朱学本身力量之运作与演变以及历史本身因缘之结果。”参见山井涌，《经书与糟粕》，冈田武彦等著，《日本学者论中国哲学史》(台北：骆驼出版社，1987)，页405～426；山下龙二之言，见加藤常贤监修，蔡懋棠译，《中国思想史》(台北：学生书局，1978)，页148；陈荣捷，《早期明代之程朱学派》，《朱学论集》，页331～351。

族的传统是多么的根深柢固，但是将元朝所采取的文化政策"喇嘛教的崇敬、道教的流行、回教的流布、耶稣教的传播或蒙古文字的奖励等等"一并加予思考时，就可以看出承认朱子学为官学也只不过是元朝为了保持广大领域之统一，而一面和汉民族的传统妥协，一面施行其统治的元朝特有的政策罢了。若以全体的看法来说，可以说儒教沉滞了的状态。明初的排外主义是不承认一切外来思想的，而且其复古主义是要踏越元朝而还回到宋朝的。……因为朱子是一个国势不振的南宋学人，所以他的民族主义的意识也很强烈，因此明朝特地举他出来作为国家公认的正统学者，这样也是自然的趋势所致。明太祖洪武帝时候，要以儒教精神作为基本方针，确立学校制度来获得庶民教育的实效。[①]

姑不论是否因为朱子之学有民族主义的意识而导致明代君王以之为思想统一的工具，明初朱子学的权威色彩确实很强烈，以永乐年间朱季友诋宋儒而遭挞伐的事件，可以观之。[②] 又明代科举考试以八股文取士，以四书五经命题，解释则以程朱学为主。考试制度必然影响全国的教育内容，也使得朱子学宰制了士人的教育。[③] 明成祖永乐

① 参见加藤常贤监修，蔡懋棠译，《中国思想史》，页 148～149。

② 永乐二年，饶人朱季友献所著书，诋宋儒。大学士杨士奇请毁季友书，上敕行人锢季友至饶，大会藩臬县吏民，挞季友，尽毁其所著书。引自容肇祖，《明代思想史》（台北：开明书局，1982），页 3。

③ 关于明代科举与教育，参看 Elman, Benjamin A., "Political, Social, and Cultural Reproduction Via Civil Service Examination in Late Imperial China," The Journal of Asian Studies 50.1(1991):7～28；张建仁，《明代教育管理度研究》（台北：文津出版社，1993）。

十二年(1414),更动员了大量学者,编《四书大全》《五经大全》《性理大全》,将宋儒的著作做了彻底的整理。可以说朝廷已将朱学定为一尊,也是朱子学就外在权威而言的最高峰。然而与科举功利之学愈来愈密切的关系,对朱子学本身却有破坏性,而思想上的统一政策,也适足以扼杀学说发展的活力,遗落了"创新""立说"的精神。当时许多儒者对于整体社会、政治的反应,则是表现在更强调躬亲实践,甚至拒绝科举的行动上。

方孝孺(1357～1402,字希直,一宇希古)为宋濂的门人,太祖时为汉中教授,惠帝即位召为翰林侍讲,后迁侍讲学士,国家大政常咨询之。后又改官文学博士,因"靖难之变"而殉死。姚广孝(1335～1418)曾告成祖曰:"孝孺必不降,不可杀之!杀之,天下读书种子绝矣。"[①]可见他在当时的影响力。黄宗羲也称赞方孝孺:"持守之严,刚大之气,与紫阳真相伯仲,固为有明之学祖也。"[②]蒋伯潜《理学纂要》也说:"明代理学之所以能复兴,我认为明初方正学的气节,足以廉顽立懦,是一大关键。"[③]以上主要是称其不屈的忠孝气节,能直接影响明代儒者的道德气节。而明初宋濂(1310～1381)、方孝孺两大文臣在极权政治下的悲惨下场,很可能使当时儒者却步于实际政治的作为,退向更沉静笃实的读书修身。[④]

方孝孺除了以行动表彰儒者之气节,在学问上也提倡笃行:

> 望勿以圣贤之言为空谈,知之欲真,践之欲笃,自期者欲远

① 黄宗羲,《明儒学案》(台北:华世出版社,1987),卷四三,页1044。

② 黄宗羲,《明儒学案》,卷四三,页1045。

③ 蒋伯潜,《理学纂要》(台北:正中书局,1953),页124。

④ 宋濂因长孙坐胡惟庸党被下茂州,方孝孺被诛十族。

大，顾諟明命，以勿负天之所授，庶几其可耳。[①]

今世有贤者作，当以躬行为先，一反浇陋之习，以表正海内，庶几有所益。岂宜复增之浮辞而长其虚薄耶？[②]

稍后北方的学者曹端、薛瑄，与南方学者吴与弼、胡居仁、陈献章，也都具有笃行实践的精神。

曹端（1376～1434，字正夫，号月川）的学问以力行为主，黄宗羲称其："以力行为主，守之甚确，一事不容假借。然非徒事于外者，盖立基于敬，体验于无欲，其言事事于心上做工夫，是入孔门底大路。诚哉！所谓有本之学也。"[③]他又曾整理人伦日用之可施行者，成《夜行烛》一书，以为"人处流俗中，如夜行，视此则烛引之于前矣"，[④]可见其对力行的重视。

河东学派的薛瑄（1389～1464，字德温，号敬轩），为人梗介，因不肯逢迎宦官王振（d. 449），几至受死。[⑤] 罗整庵（1466～1547）说："薛文清学识纯正，践履笃实，出处进退，惟义之安。"[⑥]《明史・儒林传》："瑄学一本程朱，其修己教人以复性为主，充养邃密，言动咸可法。尝曰：'自考亭以还，斯道已大明，无烦著作，直须躬行耳。'"这种"无烦著作，直须躬行"的态度，不仅充分说明薛瑄本人注重践履的为学风貌，也反映了当时不愿创新立说的学风。这种精神弥漫了明初学界，

---

① 方孝孺，《答王仲缙五首》第四，《逊志斋集》（上海：上海书店，1989），卷十，页 37。
② 方孝孺，《答王仲缙五首》第五，《逊志斋集》，卷十，页 39～40。
③ 黄宗羲，《明儒学案》，卷四四，页 1064。
④ 黄宗羲，《明儒学案》，卷四四，页 1063。
⑤ 黄宗羲，《明儒学案》，卷七，页 109～110。
⑥ 罗整庵，《困知记》，《和刻影印近世汉籍丛刊》（台北：广文书局，1991），卷下，页 125。

例如，吴与弼“尝叹笺注之繁，无益有害，故不轻著述”；[①]陈白沙“他时得遂投闲计，只对青山不著书”[②]“千古遗篇都剩语，晚生何敢复云云”[③]“莫笑狂夫无著述，等闲拈弄尽吾诗”；[④]胡居仁“人著书才有一毫为名，便是悖逆天理，古人著书皆不得已”[⑤]“又念道自末儒去后，不胜寥落。自元及今，儒以训诂务博为业，以注书为能传道，使世之学者浅陋昏昧，无穷理力行之实，此有志者不能不以为忧也”。[⑥] 他们对“读书”的看法虽然不都一致，[⑦]但对经训的不感兴趣，以及不轻易著作的态度却是一致的。

学术史要到明朝中叶以后才再次渐开注重汉唐经注的风尚。[⑧]

崇仁学派的吴与弼(1391～1469，字子傅，号康斋)，十六岁学诗赋，十八岁习举业，十九岁从杨溥(1372～1446)学，读《伊洛渊源录》，始慨然有志于道，遂尽废举业、谢人事，于四书五经、诸子语录中求体贴于身心，不下楼者二年。平日于乡间躬耕讲学，与从游众弟子负耒

---

① 黄宗羲，《明儒学案》，卷一，页 15。

② 陈献章，《留别诸友》，《陈白沙集》(台北：台湾商务印书馆，1986)，卷八，页 65b。

③ 陈献章，《代简答林蒙庵先生》，《陈白沙集》卷八，页 3b。

④ 陈献章，《雨中偶述效康节》，《陈白沙集》，卷八，页 30a。

⑤ 胡居仁，《居业录》，《和刻影印近世汉籍丛刊》(台北：广文书局，1991)，卷三，页 37b～38a。

⑥ 胡居仁，《复于先生》，《胡文敬集》(台北：台湾商务印书馆，1986)，卷一，页 4b。

⑦ 吴与弼、胡居仁均强调读书的重要。吴与弼“心是活物，涵养不熟，不免摇动，只常常安顿在书上，庶不为外物所胜”，“应事后，即须看书，不使此心顷刻走作”。胡居仁“修身莫先于穷理，穷理者在于读书、论事，推究到极处”；“博文是读书穷理事，不如此则无以明诸心”。而陈献章则并不以为读书为入学成圣之法，他说：“以我而观书，随处得益，以书博我，则释卷而茫然。”黄宗羲，《明儒学案》，卷一，页 23；胡居仁，《居业录》，卷二，页 25a，19b；陈献章，《道学传序》，《陈白沙集》，卷一，页 27a。

⑧ 《四库全书总目提要》：“明之中叶，以博洽著称者杨慎……次则焦竑，亦喜考证。……惟以智崛起崇祯中，考据精核，迥出其上。风气既开，国初顾炎武、阎若璩、朱彝尊沿波而起，始一扫悬揣之空谈。”永瑢，《四库全书总目提要》，卷 119，页 12b～13a。

耜并耕。陈献章从广东来学，晨光才辨，先生手自簸谷，献章未起，先生大声曰："秀才若为懒惰，即他日何从到伊川门下？又何从到孟子门下？"又有一日刈禾，镰伤厥指，先生负痛曰："何可为物所胜？"竟刈如初。[①] 从这些记载都可见他刻苦笃学的精神。故刘宗周（1578～1645）形容他的学问是"刻苦奋励，多从五更枕上，汗流泪下得来"。[②] 黄宗羲说他："身体力验，只在走趋语默之间，出作入息，刻刻不忘。"[③] 其作品《日录》更是现了他融学问于平淡生活中的一片醇然自得气象。

胡居仁（1434～1484，字叔心，学者称敬斋先生），弱冠时游康斋之门，绝意科举，筑室于梅溪山中，事亲讲学之外，不干人事。后欲增广见闻，遍游闽、浙、金陵，从彭蠡而返。居仁个性严毅清苦，每日必立课程，详书得失以自考。且行事均依古礼，父病，尝粪以验其深浅；亲丧，水浆不入口，三年不入寝室。兄出则迎候于门，有疾则躬调药。[④] 他的学问重点在"敬"字。他说：

> 读书一边读，一边体验做，做得一两处身上来，然后诸处亦渐凑得来，久则尽凑得到身上来，此则是大贤。[⑤]
>
> 读书须着实理会，既晓其文义，便真去做，务要令此书自我身上发。[⑥]

---

① 黄宗羲，《明儒学案》，卷一，页 15。
② 黄宗羲，《明儒学案》，《师说》，页 3。
③ 黄宗羲，《明儒学案》，卷一，页 16。
④ 黄宗羲，《明儒学案》，卷二，页 29。
⑤ 胡居仁，《居业录》，卷一，页 20a。
⑥ 胡居仁，《居业录》，卷一，页 19a～b。

这也就是《明史》说他“笃践履，谨绳墨，守儒先之正传，无敢改错”的学问风貌。[①]

陈献章(1428～1500，字公甫，别号石斋，新会白沙人)，二十七岁始发奋，从吴与弼学，遂绝意科举。从学时虽于古圣贤垂训之书，无所不讲，却未知入处。受业半载而归，杜门不出，专求所以用功之力，废寝忘食于书册中寻之，却仍未能得，对此他曾说：“吾此心与此理，未有凑泊吻合处也。”[②]后来，陈献章终于在舍繁求约后以“静坐”悟道，其自得之学，偏离于朱子学而与后来的阳明心学相近。我们从他为求此心与此理的凑泊吻合，在春阳台中静坐十年的决心，便可知其笃实力行的为学态度。

上述这些明初理学家个个都致力于实践笃行，可见这是当时重要的学风，虽然这种现象在元代已逐渐形成，但明初更明显，钱穆先生对此有如下的说明：

> 元儒在异族政权统治下，吃紧为人，盖所难言。许鲁斋大节已亏，如人陷泥中，何立达可期。故元儒尊朱，终不免走上考索注解文字书本一路。明初《五经》《四书》大全，皆元儒成业，悬为明代一代之功令，当时诸儒不免心生鄙厌，康斋敬斋，乃皆在操存践履上努力，而撰述之事非所重。于经史实学博文之功，即敬斋亦已不能与黄东发吴草庐相拟。影响所及，遂使明代理学，都偏向了约礼一边。[③]

---

① 张廷玉，《明史》(北京：中华书局，1995)，卷二八二，页7222。

② 陈献章，《复赵提学佥宪》，《陈白沙集》，卷二，页26b～27a。

③ 钱穆，《中国学术思想史论丛七》(台北：东大图书出版，1978)，页5～6。

二、重视心体的学风

至于明初理学普遍重视心体之特色，已有几位学者提出他们卓越的见解，例如陈荣捷的《早期明代之程朱学派》、蒙培元的《论朱熹理学向王阳明心学的演变》、山井涌的《经书和糟粕》，[①]都精辟地讨论了明初的心学学风。钱穆也说："（明人）只沿袭着宋学的一脉，但又于正统宋学中剔去了周、邵、张三家。"[②]从明初诸儒的讲学，已可见他们削弱了周、邵、张三家所关心的太极、气等宇宙论的问题，于形上学的兴趣也大减。陈荣捷也说，明初程朱学者对于朱子最重视的"格物穷理"并不讲求，然而在讲论的比重上却大为减少，[③]"养""心""敬"等主题则跃居讲学的核心。由此可见，在理学发展史中，明初是一个重视心体、具有较强烈心学色彩的时期，它也是从理学向心学发展的关键期。底下我将援引这个时期儒者有关心体涵养的言论，进一步讨论。

宋濂说：

> 世求圣人于人，求圣人之道于经，斯远已。我可圣人也，我言可经也，弗之思耳。[④]
>
> 天下之事，或小或大，或简或烦，或亏或赢，或同或异，难一矣。君子以方寸摄之，了然不见其有余。[⑤]

---

① 山井涌著，徐远和译，《经书与糟粕》，收入《日本学者论中国哲学史》（台北：骆驼出版社，1987），页 405～426。

② 钱穆，《宋明理学概述》（台北：学生书局，1984），页 253。

③ 陈荣捷，《早期明代之程朱学说》，《朱学论集》，页 331～351。

④ 宋濂，《萝山杂言》，《宋景濂未刻集》（上海：上海古籍出版社，1991）卷下，页 64。

⑤ 宋濂，《萝山杂言》，《宋景濂未刻集》，卷下，页 64。

六经皆心学也。心中之理无不具,故六经之言无不该。六经所以笔吾心之理者也。是故说天莫辨乎易,由吾心即太极也。……人无二心,六经无二理。因心有是理,故经有是言。心譬则形,而经譬则影也。无是形则无是影,无是心则无是经。其道不亦较然矣乎。①

因以心为太极、天理,故可摄天下大小之事,而此心正是经书所以载道的保证,故曰"心譬则形,而经譬则影",因此也自信地说:"我可圣人也,我言可经也。"这里已明显表现出比朱子更高举也更信任心体的学风。

曹端说:

人之所以可与天地参为三才者,惟在此心,非是躯壳中一块血气。②

事事都于心上做工夫,是入孔门底大路。③

圣人之所以为圣人,只是这忧勤惕励之心,须臾毫忽,不敢自逸。理无定在,惟勤则常存;心本活物,惟勤则不死。常人不能忧勤惕励,故人欲肆而天理亡,身虽存而心已死,岂不大可哀哉!④

六经、四书,圣人之糟粕也,始当靠之以寻道,终当弃之以寻真。⑤

---

① 宋濂,《六经论》,《文宪集》(上海:上海古籍出版社,1991),卷二八,页20。
② 黄宗羲,《明儒学案》,卷四四,页1064。
③ 黄宗羲,《明儒学案》,卷四四,页1064。
④ 黄宗羲,《明儒学案》,卷四四,页1066。
⑤ 黄宗羲,《明儒学案》,卷四四,页1068。

人之心即是能上契天道，参赞化育的关键，故曹端学问的大关键处即在“心上做工夫”；经书只是在起始靠之以寻道的凭借，却不能真正借之以得道，故“终当弃之以寻真”，而能以之寻真的即是“心”。由此亦可见其对心体的重视。

薛瑄说：

> 为学只是要知性复性而已。[①]
>
> 千古圣贤教人之法，只欲人复其性而已。[②]
>
> 涵养须用敬，存此性耳；进学则在致知，明此性耳。[③]
>
> 论性是学问大本大原，如此则天下之理可明矣。[④]
>
> 为学第一工夫，立心为本。心存则读书穷理、躬行践履，皆自此进。[⑤]

薛敬轩之学主“知性”“复性”，即是要知本性全然是理，而期能回复（达致）此全善之境。虽然他强调人禀赋于天、具众理之“性”，然实际用功之关键则在心，故曰：“为学第一工夫，立心为本。”

吴与弼说：

> 人须整理心下，使教莹净、常惺惺地方好，此敬以直内工夫也。嗟夫！不敬则不直，不直便昏昏倒了，万事从此隳，可不惧哉。[⑥]

---

① 薛瑄，《读书续录》（济南：山东友谊书社，1991），卷二，页13。
② 薛瑄，《读书续录》，卷五，页14。
③ 薛瑄，《读书续录》，卷六，页2。
④ 薛瑄，《读书续录》，卷六，页3。
⑤ 薛瑄，《读书录》，卷十，页14。
⑥ 吴与弼，《日录》，《康斋集》（台北：台湾商务印书馆，1983），卷十一，页16a。

> 心是活物，涵养不熟，不免摇动。[①]
>
> 一事少含容，盖一事差，则当痛加克己复礼之功，务使此心湛然虚明，则应事可以无失。静时涵养，动时省察，不可须臾忽也。苟本心为事物所挠，无澄清之功，则心愈乱，气愈浊，梏之反覆，失愈远矣。[②]
>
> 人苟得本心，随处皆乐。[③]
>
> 精白一心，对越神明。[④]

吴与弼的学问完全建立于日常生活中的求道践履，他没有学理上的创发，也不做笺注之事，所注重的只是如何在日常生活中活出更契密于天道的生活 ，故身心上的工夫是他求道的唯一途径，“精白一心，对越神明”则是他人生至乐的秘诀。[⑤]

胡居仁关于“心”的言论：

> 心无主宰，静也不是工夫，动也不是工夫。[⑥]
>
> 心虽主乎一身体之虚灵，足以管乎天下之理，理虽散在万事，用之微妙，不外乎一人之心，知此则内外体用，一而二，二而一也。[⑦]

---

① 吴与弼，《日录》，《康斋集》，卷十一，页 18a。

② 吴与弼，《日录》，《康斋集》，卷十一，页 7b。

③ 吴与弼，《日录》，《康斋集》，卷十一，页 8b。

④ 吴与弼，《日录》，《康斋集》，卷十一，页 18b。

⑤ 古清美：“‘精白一心，对越神明’八字更可见出他在平淡的生活后面内在光明、精纯、坚强、醇厚的心灵和学问。从此，我们可以了解他说‘闲散不是真乐’，真乐与天地相通无隔的胸怀。”古清美，《朱子理学在明代前半期的变化与发展》，发表于 1988 年宋代文学与思想研讨会。

⑥ 胡居仁，《居业录》，卷一，页 24a。

⑦ 胡居仁，《居业录》，卷一，页 25b。

恭敬非特心存，又且明滢，盖心是神明之舍，存则自明。[①]

敬者圣学之所以成始成终者也。[②]

胡敬斋学问的重心即在主敬使心有主，以为心若无主宰，则动静皆不是工夫，又以“敬”为成始成终的工夫。由于学问着力于主敬涵养心之本体，故心体成为用功之首要处，也是其学问之根本。[③]

陈献章说：

古人弃糟粕，糟粕非真传。眇哉一勺水，积累成大川。亦有非积累，源泉自涓涓。至无有至动，至近至神焉。发用兹不穷，缄藏极渊泉。

吾能握其机，何必窥陈编。学患不用心，用心滋牵缠。本虚形乃实，立本贵自然。戒慎与恐惧，斯言未云偏。后儒不省事，差失毫厘间。

寄语了心人，素琴本无弦。[④]

枢纽在方寸，操舍决存亡。[⑤]

为学当求诸心，必得所谓虚明静一者为之主。[⑥]

陈白沙以心体为源泉涓涓、发用不穷、能契悟天道的关键，故以学在求诸心，在能握此通塞往来之机，而不在尽窥陈编的穷理。因此《明史》《明儒学案》均以之为阳明学的先驱，都认为明代心学的开

① 胡居仁，《居业录》，卷一，页 48a。
② 胡居仁，《居业录》，卷四，页 30b。
③ 胡居仁的思想，见下文讨论。
④ 陈献章，《答张内翰廷祥书括而成诗呈胡希仁提学》，《陈白沙集》，卷五，页 2a。
⑤ 陈献章，《和杨龟山此日不再得韵》，《陈白沙集》，卷五，页 1b。
⑥ 陈献章，《书自题大塘书屋诗后》，《陈白沙集》，卷四，页 69a。

端在陈献章。[①]

以上我们从明初几位理学家的文字，看到这个时期的学风极“重视心体”，此学风对稍后王阳明心学的开展，当有一定的影响。当然，就这些明初儒者的主要思想内容及个人自觉而言，无疑仍属朱子学派；要直到陈献章由静坐悟道，其学问才真正表现出对朱子学的转向，这个重要的转向也代表着明代心学的真正奠基。[②]

另外，此处所谓“重视心体”，只是就朱子学从南宋以降大体学风的发展，到明初有明显专注于心上做工夫的表现，并不否认朱子思想中本有重视心体的内涵，亦非要强调随着年代愈晚学者便有愈强的心学倾向。事实上，就个别理学家的思想而言，实有其独特性与不可化约性。例如，方孝孺并不太强调在心上做工夫，他说：“圣人之道载于经可知矣，未尝使人求道于博文约礼之外。”[③]与其师宋濂“求圣人之道于经，斯远已”之说，就有相当的差异。至于何以到了明初会有如此重视心体的心学色彩，蒙培元提出他的解释：“程朱理学、陆王心学之间，有着内在的逻辑关系，而且从哲学史发展来看，朱熹理学直接演变成王阳明心学。”[④]这里所说的“内在逻辑关系”和“直接演变”，据蒙培元自己的阐释乃是：因朱熹的思想体系是一种客观唯心主义，充满着唯物主义与唯心主义的矛盾，因此它的分化是“必然”的，“随

---

① 《明史・儒林传》：“原夫明初诸儒，皆朱子门人之支流余裔。师承有自，矩矱秩然。曹端、胡居仁，笃践履、谨绳墨，守儒之正传，无敢改错。学术之分，则自陈献章、王守仁始。”《明儒学案》：“有明学术，从前习熟先儒之成说，未尝反身理会，推见至隐，所谓此亦一述朱耳，彼亦一述朱。”又说：“有明之学，至白沙始入精微……至阳明而后大。”张廷玉，《明史》，卷二八二，页 7222；黄宗羲，《明儒学案》，卷十，页 1；卷五，页 78。

② 陈献章之学与王阳明心学的比较，见第三章。

③ 方孝孺，《赠金溪吴仲实序》，《逊志斋集》，卷十四，页 24。

④ 蒙培元，《论朱熹理学向王阳明心学的演变》。

着封建社会向后期发展，朱熹哲学中的唯物主义因素必将冲破其体系而得到发展；同时，其客观唯心论的体系将发展为主观唯心论。完成后一任务的，不是别人，正是王阳明”。①

虽然蒙培元能够不把理学和心学截然划成两橛，而注意思想演变的内在关联，是相当精辟的见解，然而认为因朱子思想体系的矛盾而使得如此分化乃是必然的趋向，可能失之独断。何况任何历史的进程，恐难以“必然趋势”或“内在逻辑关系”来解释。对于朱子思想，我在下文将略做讨论，但我对朱子思想的基本看法是：一个体系庞大、关注点广阔的思想模式，其间不同的论题，可能被其他学者引之为思想核心，而发展出不同风貌的思想体系。这种思想核心的转移，是朱子学五、六百年间不断演变的主因，名之为“分化”尚可，归究于“矛盾”则恐未必。毕竟每个时代的儒者，在面对当代的时空环境，他们所关注的问题才是构成他们学问的真正要素，也正是在此才能反映出他们身为儒者的真精神。而随着时空移转，关注点的移转也是自然的。如果我们用这样的观点来看明初诸儒，将更能理解何以他们在坚守程朱矩矱时，依然对朱子思想的重点——“格物”，做了相当的偏离。

朱子之所以开创朱子学，并不是从学术史的大演进上可以找到一必然归向，就如同王阳明之于阳明学，并非明初心学气氛的必然产物一般。学术上的重大成就与突破，终究必须归于人的创获。“英雄造时势”，以南宋的朱子对后儒的影响，以及王阳明对明代中晚期儒学的发展而言，确实有如此的气势。然而在这一章所要探讨的，则是试图去体会一下另一句话的含意——“时势造英雄”，是一股在英雄未诞生前，就已弥漫着且蓄势待发的学术氛围。

---

① 蒙培元，《论朱熹理学向王阳明心学的演变》。

第二章　胡居仁与陈献章思想研究

本章主要讨论胡居仁与陈献章二人的思想内容。将先从胡居仁对陈献章的批评谈起，因为批评是突显双方学问特质很好的观照点，批评者在进行批评时，往往能切要地指出对方学术的特点；[1]而通过批评的活动，批评者对自己的思想也往往有深化和重建作用，故批评的内容又是反观批评者思想立场很好的根据。

虽然胡居仁对陈献章的批评是属单向性的，亦即陈献章并没有针对胡居仁的批评提出自我反驳，[2]或进行反批评，但透过这些批评仍能衍伸出许多重要问题。这些批评内容并不会限制我们对胡、陈二人思想的探讨，即本章虽由胡居仁的批评谈起，却不限于由此来观照二人思想，只是借由整理胡居仁所提出的论点，从“理气论”“心与万物之关系”“修养论”三方面，配合更多史料，来讨论胡、陈二人的思想内容与异同。本章也希望让胡、陈二人的思想进行对话，并试图评

---

① 虽然所指出的特点及评论看法都未必公允，但仍是突显双方差异的有用史料。

② 陈献章在《复赵提学佥宪》第三书中，确为自己作了陈明，然其面对胡居仁严厉的批评，基本态度还是“不与之强辩”，也没有努力提出反驳。陈献章，《复赵提学佥宪》第三书，《陈白沙集》，卷二，页 28b～31a。

议胡居仁的批评。

另外，这种单向性批评的本身，也反映了胡、陈二人思想和人格的某种特质。在胡居仁犀利的指斥和陈献章不言不辩的对照中，正隐约透露着二人对圣学、传统、门户见解上的差异，其背后所蕴含的心理状态更值得探索。我们可以说他们之间虽没有言语上论战的对立性，却有着从体悟、智慧、自信与坚守中所凝练出生命风格的对立性。然而在这许多昭著的差异之中，我们却也不可忽略二人同处于一时代、同一师门下所具有的某种相契精神。

第一节　胡居仁对陈献章的批评

本节将整理胡居仁对陈献章的批评内容，希望借此能得到一更清楚的观照点，作为下文讨论的根据。综观这些批评内容，我将之归纳为三个论题，六个要点，和一个共同指涉的中心。所谓三个论题即是：（一）理气论的论题，（二）心与万物之关系，（三）修养论的论题。而六个批评要点则分别与上述三个论题相关，它们是：(1)认气作理、(2)物我二理、(3)强包万物入胸中、(4)屏绝思虑、(5)不读书、(6)欠缺下学工夫。这些批评尽管在内容上可以做如此的区分，它们却有一个共同的辐凑点，即主要是在指斥陈献章的学问为禅，亦即都是为要说明献章之学“异于儒学，流于禅学”，而就不同面向加以立说的。以下即分别说明胡居仁批评的三大论题和六个要点。

一、理气论

(一)认气作理

> 气之发用处即是神,陈公甫说无动非神,他只窥测至此,不识里面本体,故认气为理。[①]
>
> ……以为天地万物无非此理,无适而非道,凡其知觉、运动、视听云为,无非至神至妙,其曰无动而非神,即此意也。[②]

这是针对陈献章言“无动非神”而发。胡居仁持定“理”为形上本体、“气”为形下作用的立场,认为讲动、讲神都只停留在气之迹上说,未能入于理之本体。对于老氏“有生于无”和佛氏“作用见性”之说,胡居仁也都批评是不能辨别理气,是认气作理。[③] 此不仅显明胡居仁所固持的理气观,也是他指议陈献章之学为禅的一个重要理据。

(二)物我二理

> 陈公甫言,才觉便觉我大而物小,物有尽而我无尽,是物我有二理矣。[④]
>
> 陈公甫说物有尽而我无尽,分明是异端释氏语,即释氏见性之说。他妄想出一个不生不灭底物事在天地间,是我之真性,谓他人不能见,不能觉,我能独觉。故曰我人物小,物有尽而我无

---

① 胡居仁,《居业录》,卷一,页10a。

② 胡居仁,《又复张廷祥》,《胡文敬集》,卷一,页46。

③ 胡居仁:“老氏以有生于无,是认气为理。气有聚散消息,散而消则无;理则无时而无也。佛氏以作用是性,亦认气为理。盖气之清虚妙运处以理,老佛既不识理,亦必不能识气,是不知其所以然也。”胡居仁,《居业录》,卷二,页49a。

④ 胡居仁,《居业录》,卷二,页36b~37a。

> 尽。殊不知物我一理，但有偏正清浊之异。以形气论之，生必有死，始必有终，安得我独无尽哉？以理论之，则生生不穷，人与物皆然。①

这是针对陈献章言“物有尽而我无尽”而发。胡居仁抱持“理一分殊”，“天地物我均一理之所为”的观念，以为既是物我一理，必不可说物有尽而我无尽，故以陈献章此说乃受禅家不灭真性的影响，是释氏见性之说。

二、心与万物之关系

（一）强包万物入胸中

> 天地万物本吾一体，庄周付之自然，不管着他，则与天地万物隔绝，分为二体矣。陈公甫言，一片虚灵万象存，是要将天地万物强包放胸中。本一体，何用强包？强包愈乖离了。②

> 程子说，冲漠无朕，万象森然已具，是说未发之时，只是冲漠无朕而已，天下万物之理已默具于其中。公甫说一片虚灵万象存，是要把他底精神来包涵万象，与程子实不同也。……如公甫之说，是常把这天地万象积放胸中，只弄得这些精神，岂暇再去

---

① 胡居仁，《居业录》，卷三，页 24a～b。胡居仁又曰：“气则有聚散、有虚实、有生死，以有无言之，犹可也。理则不可以有无言，心不可以有无言。老氏以万物生于虚，是有生于无也，故以虚为道，以无为宗，其言理与心虽背，言气犹有近似者。佛氏实者亦言虚，有者亦言无，背乱颠倒尤甚。老氏要长生不死，佛氏生也不要，死也不要，要寻得一个真身真性，不生不灭，超脱轮回。陈公甫言物有尽而我无尽，即此意也。”见胡居仁，《居业录》，卷二，41b～42a。

② 胡居仁，《居业录》，卷二，页 54b。

> 思量事物之理，故张皇煊爀，自己不胜其大，故下视圣贤，小视天地。[①]

这是针对陈献章言“一片虚灵万象存”而发。胡居仁以人心与万物的关系乃是“心具众理”，而非“心具众象”，故工夫应以“勿忘勿助”为主，他认为陈献章“强包万物入胸中”与庄子之“付之自然”，则是过与不及的两极看法。同此义，尚有一条旨在批评陈献章“尘微六合”，似禅家“一粒粟中藏世界”：

> 世之愚者，莫愚如老、佛，至愚之人也晓得个天地、父母、妻子，也晓得有个己身。今禅家以天地为幻妄，己身为幻身，离父母、弃妻子，虽天地六合之大也，晓不得，故言一粒粟中藏世界。陈献章又要尘微六合，岂非愚之甚乎？[②]

三、修养论

（一）屏绝思虑

> 陈公甫云，静中养出端倪；又云，藏而后发。是将此道理来安排作弄，都不是顺其自然。[③]

> 若穷理到融会贯通之后，虽无思可也，未至此，当精思熟虑以穷其理，故上蔡何思何虑，程子以为太早。今人未至此，欲屏去思虑，使心不乱，则必流于禅学空虚，反引何思何虑，而强欲合

---

① 胡居仁，《居业录》，卷四，页 42a～b。

② 胡居仁，《居业录》，卷三，页 34b。

③ 胡居仁，《居业录》，卷一，页 39a。

之，误矣。[①]

这是针对陈献章“静中养出端倪”“藏而后发”的工夫论而发的。胡居仁的修养工夫以“主敬使心有主”为首要，[②]他特别说明主敬是“有意”的工夫，而非屏绝思虑。[③] 虽然格物穷理到贯通之后，可以达到无思无虑之境界，但若不经过主敬穷理的下学工夫，而一意要求虚静，则不仅易蹈空虚，且违离正确修养途辙，终要沦为异端。故其批评禅在存心工夫上有“屏绝思虑以求心不放”和“照看一心在内”的两个缺失，此也正是对陈献章的批评。[④] 另外，尚有一条批评陈献章学问不立大本，同样是指其讲求虚静、违于大本工夫而言，故一并归入此点：

自家大本不立，见得道理不分明，未有不入异教者，如陈公甫、娄克贞皆是儒者陷入去。[⑤]

（二）不读书

娄克贞说他非陆子之比，陆子不穷理，他却肯穷理；公甫不

---

① 胡居仁，《居业录》，卷三，页 41a。

② 胡居仁的思想，见下一节。

③ 或曰：“主一无适用意否？”曰：“既曰主一，即用意也。”曰：“圣人用意否？”曰：“圣人自然用意，非勉也。”又曰：“主敬是有意，以心言也；行其所无事，以理言也。心有所存主，故有意，循其理之当然，故无事。此有中未尝有；无中未尝无，心与理一也。”胡居仁，《居业录》，卷四，页 3a～b；卷一，页 52b — 53a。

④ 胡居仁：“近年以来，学者立心稍高，而不能仔细体验圣贤切实工夫，而妄意圣贤，故遂入于空虚玄妙，其凌高驾空，反成狂妄，其入异教也宜矣。原其存心之失有二焉，只为工夫未至，身心纷扰放逸，要求虚静，故有屏绝思虑，以为心不放者；又有体察照看心在内里，以为存者，其心如此，自然不暇即事穷理。”胡居仁，《又复张廷祥》，《胡文敬集》，卷一，页 45；其他批评禅者，可参见《居业录》，卷一，页 25a，31a～b。

⑤ 胡居仁，《居业录》，卷一，页 43b。

读书，他勤读书。[①]

陈公甫说，不由积累而至者，不可以言传，则四书、六经不足以载道矣。[②]

前一条虽引娄谅之说，但显然也是胡居仁的看法。读书问题所牵涉的仍是修养论的课题，胡居仁以主敬穷理为修养之途辙，读书是穷理工夫中的重要项目，也是欲达至豁然贯通境界所不可或缺的。而陈献章却以为得道不由积累而至，道不可言传。二人在修养论上的差异，造成这些批评，胡居仁就曾以穷理与否来论儒者与异教之别。他说：

只素净打坐澄心，何尝有戒谨恐惧、主一无适工夫，儒者虽存养，又穷理；异端不穷理，所以差也。[③]

而由读书所衍生的问题，更有经书是否载道，经书在作圣工夫中所占之地位如何。这些问题将于下文再论。

（三）欠缺下学工夫

陈公甫亦窥见些道理本原，因下面无循序工夫，故遂成空见。[④]

礼义，人心固有，朱子去远，而《小学》《家礼》好之者甚众。今被陈公甫辈务为高远，厌礼节之卑近烦细，不屑为之，可胜叹哉。[⑤]

---

① 胡居仁，《居业录》，卷一，页 39a。
② 胡居仁，《居业录》，卷一，页 50b。
③ 胡居仁，《居业录》，卷三，页 6a。
④ 胡居仁，《居业录》，卷一，页 39b。
⑤ 胡居仁，《居业录》，卷四，页 16a。

所谓“欠下学工夫”，是胡居仁对陈献章修养论总体性的批评。胡居仁明指陈献章“厌礼节之卑近烦细”而不屑为《小学》《家礼》，又说：“只是小学之教不行，学者无基址可立，上面做大，遂流于异教”，故“欠下学工夫”似即指“小学之教不行”而言，“下学工夫”即是洒扫应对的小学工夫。但是，胡居仁的修养论，以主敬为核心，认为从小学到大学的工夫，基本上是循序渐进的，二者在深度上是有差异，但在工夫理论上则无冲突，[①]故我们可以说“下学工夫”所指的不仅是小学教育的实际内容，更是一套建立在应事接物、整齐持敬之上的修养论模式。这种修养论模式正与陈献章以舍于物累、要求静虚的修养论模式相对立，故我认为这是胡居仁对陈献章修养论的总体性批评。

从以上胡居仁批评的内容，我们可以综述如下：在理气论方面，胡居仁认为陈献章说“无动非神”是认气作理，相应于禅家的“作用见性”，又“物有尽我无尽”之“我”同于禅家之“真性”。在心与万物之关系上，胡居仁认为陈献章说“一片虚灵万象存”是强包万物入胸中，陷入禅家以万物为幻象、一粒粟中藏世界之境。在修养论方面，胡居仁认为陈献章屏去思虑的工夫论，类似于禅家舍离外物的“静坐”工夫；在读书的问题上，胡居仁虽没有明显比附禅学，但从禅家“直指本心，不立文字”之说，亦可显见二者的关联。至于“欠缺下学工夫”，则是针对陈献章“静坐”“不读书”的虚静工夫而发，认为涉于高妙、蹈于玄虚，终流于禅学异教。由此可见，胡居仁对陈献章的核心批评即是指斥陈献章之学为禅。

而当胡居仁在进行批评时，他自己所抱持的观念如“理乃气之

---

① 有关胡居仁修养论的规模，见下一节讨论。

主""物我一理""心具众理""主敬涵养""格物穷理""经书载道"等,也昭然若揭。下一节我们就由此进入对胡居仁思想的讨论。

第二节　由胡居仁的批评反观其思想

上一节整理了胡居仁对陈献章的批评,将之分为理气论、心与万物之关系、修养论三个论题,本节我将扣紧这三个论题,分析胡居仁的思想内容。在理气论方面,将指出在重要观念上,胡居仁几乎都承袭朱子的观点,但却有比朱子更高举"理"的倾向。在心与万物之关系方面,我将讨论胡居仁在"物我一理"的基础上所说的"一本"之学,并阐释其"心具众理"之说,指出此乃胡居仁作为人与物、理气论与修养论连接的重要根据。而在修养论方面,我将从胡居仁所谓立大本的工夫,看主敬有主的思想在其修养论中的地位,并讨论其由主敬穷理所建构之"大本达道"的修养论模式。最后讨论胡居仁对读书的看法。

一、理气论

胡居仁关于理气论的发言有:

> 形而上者谓之道,形而下者谓之器;阴阳,形而下之器也,阴阳之理,道也。①
>
> 有此理则有此气,气乃理之所为,故朱子曰,太极者本然之妙,动静者所乘之机。本然之妙,理也;所乘之机,则此理流行而

---

① 胡居仁,《居业录》,卷一,页 30a。

有气矣。[①]

理是气之主，气是理之具，二者元不相离，故曰二之则不是。[②]

天地人物，分虽不同，同此一理，形虽不同，同此一气。[③]

我们可看出胡居仁抱持“理为形上、气为形下”“理先于气”“理一分殊”“理气不杂不离”等观点，而这些观点几乎都承自朱子。[④] 在《居业录》中，论理气的文字要比论主敬涵养的文字少得多，可见理气论并非胡居仁论学的重心，他也没有新的创发，大体得之于前人的情形亦可想见。不过，虽说胡居仁的讲学内容不以理气论为主，但理气论仍是其思想的基石，这是因为理气论所含括的问题，是整个宇宙论和万物存有的大范畴，故对心性的看法、修养工夫等，也往往相应于此而建构。事实上，我们从胡居仁对陈献章与佛老学说，一概都以“认气作理”评之，已可见他是站在自己理气论的立场来区辨儒家与佛老，任何在学问见解上异于他这套理气架构的，即被视为异教。因此，理气观点实为他对学问判准的重要根据，其重要性绝不容忽略。

虽然胡居仁的理气观几乎都继承朱子之说，但是在“理先于气”的观点上，却比朱子更明确，亦即他有比朱子更高举“理”的倾向。关于这部分的讨论，我将提出两个论点：第一是从胡居仁比朱子更不密契于张载（1020～1077）“气”的思想，来看胡居仁思想中高举“理”的倾向；第二是指出胡居仁比朱子更强烈地认为“理直贯生成万物”，亦

① 胡居仁，《居业录》，卷一，页38b～39a。

② 胡居仁，《居业录》，卷二，页32b。

③ 胡居仁，《居业录》，卷四，页8a。

④ 朱子理气论，见第三章第一节。

更不重视气在万物创生中的地位。

张载之学的最大特色在于一种深具本体宇宙论意涵的气论，此气论的提出是试图在形上本体的层次上，对抗佛老“空”“无”的概念。[①] “太虚”在张载思想中，是一具有形上义的“无形之气”，又是作为那能成聚万物之“有形之气”的根本，故曰：“太虚无形，气之本体。其聚其散，变化之客形尔。”[②]又说：“知虚空即气，则有无、隐显、神化、性命，通一无二。”[③]“太虚”又是一能统合“有、无”“隐、显”等对立特质，具神秘性形上意义的气，亦即是“道体”。对于太虚中阴阳之所以能够有消长聚散的变化，而生成万物自然，张载以“一神两化”来解释。[④] 朱子对张载的气论，虽然有所批评，但也有相当的契悟。[⑤] 当被问及“太虚何所指”时，朱子回答：“他亦是指理，但说得不分晓。”[⑥]可见他能洞见太虚在张载思想中所具形上道体的意义。他之所以说“但说得不分晓”，乃因他认为张载讲太虚道体时，仍用了气的概念，

① 黄秀玑，《张载》(台北：东大图书公司，1987)，第二章；张亨，《张载“太虚即气”疏释》，收入氏著，《思文之际论集——儒道思想的现代诠释》(台北：允晨文化，1997)，页192～248。

② 张载，《正蒙》，收入《张载集》(台北：汉京文化事业出版，1983)，页7。

③ 张载，《张载集》，页8。

④ 张载：“一物两体，气也；一故神，两故化，此天之所以参也”；“两不立则一不可见，一不可见则两之用息。两体者，虚实也，动静也，聚散也，清浊也，其究一而已。”见张载，《张载集》，页10，233。

⑤ 朱子重视本体论及体用二元的思维架构均与张载相近，但他并不满意张载使用“太虚”这个词来指涉本体，朱子认为这是“夹气作一处”。详细讨论，参见张亨，《张载“太虚即气”疏释》。

⑥ 问：“横渠云：‘太虚即气，太虚何所指？’曰：‘他亦指理，但说得不分晓。’又说：‘如以太虚太和为道体，却只是说得形而下者，皆是“发而皆中节谓之和”处’；‘正蒙说道体处，如太和、太虚、虚空云者，止是说气。’”黎靖德编，《朱子语类》(台北：华世出版社，1987)，卷九九，页2534；页2531；页2532。

故有混淆之嫌。而朱子与张载很大的差别,可以说即是在厘清理、气之形上、形下的区别,朱子以“理”作为气之根本,也作为解释一气阴阳之种种对立变化的最后根据。[①]

另外,朱子也非常欣赏张载一神两化之说:

> 问:“一故神”。曰:“横渠说得极好,须当仔细看。……‘一故神’,横渠亲注云:‘两在故不测。’只是这一物,却周行乎事物之间,如所谓阴阳、屈伸、往来、上下,以至于行乎什佰千万之中,无非这一个物事,所以谓‘两在故不测’。‘两故化’,注云‘推行乎一’,凡天下之事,一不能化,惟两而后能化。且如一阴一阳,始能化生万物。虽是两个,要之亦是推行乎此一尔。此说得极精,须当与他仔细看。”[②]

朱子讲气与理的关系,其实于张载“一神两化”说有极密切的对照性。朱子以一气阴阳的运行聚散,来说明天地万物之生成,此即“两故化”;又以理作为比阴阳之气更高的原理,即是“一故神”。安田二郎与陈荣捷均指出,张载以太虚之神来解释这“一”与“二”之间的神妙关系,朱子则以“理”来说明。[③] 但是,胡居仁对张载这种气的哲学,并不能契悟,他对张载太虚观念的评论如下:

> 张横渠言太虚不能不聚而为万物,则可;言万物不能不散而为太虚,则不可。聚则生,散则尽,物理之自然,岂又散去为太虚

① 参考安田二郎,《朱子の“气”に就いて》,《中国近世思想研究》(东京:筑摩书房,1976),页3～61;陈荣捷,《朱熹集新儒家之大成》,《朱学论集》,页1～35。

② 黎靖德编,《朱子语类》,卷98,页2511～2512。

③ 安田二郎,《朱子の“气”に就いて》;陈荣捷,《朱熹集新儒家之大成》。

者，太虚亦不待万物散而为也。[①]

胡居仁之所以认为不可言“万物不能不散而为太虚”，主要是为避免落入佛教轮回之说。他认为说“太虚聚为万物，万物又散为太虚”，会落入气散又复聚的轮回观。此处胡居仁并不像朱子，朱子是就著张载冰水之比喻在性质上无法契合其理气观而言，胡居仁则是指其近乎佛教之轮回。[②] 由胡居仁的话推想起来，他是认为太虚全部聚为万物，若再说万物又散为太虚，则不但是轮回之说，也不符合前后逻辑，故曰：“太虚亦不待万物散而为也。”而且胡居仁视“太虚”为只是“气”，其中或有神妙之处，但神乃是“气之发用处”，[③]故仍无法通于形上义的“理”，这也显示出他不能像朱子般契悟于张载以太虚为道体的思想。陈来指出，朱子理气观吸收了相当多的张载的气论，[④]朱子言“理气本不可分先后”，只有推上去说才以理先于气，[⑤]而胡居仁则更截然地划分了理气的关系。

再者，虽然朱子强调宇宙万物创造、存在之理，朱子并不以为理能直贯地生成万物，[⑥]胡居仁则更多把创生宇宙的根据放在“理”上来说，例如他说：

---

① 胡居仁，《居业录》，卷一，页 45b～46a。

② 问：“张子冰水之说，何谓近释氏？”曰：“水性在冰只是冻，凝成个冰，有甚造化？及其释，则这冰复归于水，便有迹了，与天性在人自不同。”黎靖德编，《朱子语类》卷九九，页 2536。

③ 胡居仁，《居丛录》，卷一，页 10a。

④ 陈来，《朱熹哲学研究》(北京：中国社会科学出版社，1987)，页 6～7。

⑤ 或问：“必有是理，然后有是气，如何？”曰：“此本无先后之可言。然必欲推其所从来，则须说先有是理。然理又非别为一物，即存乎是气之中，无是气，则理亦无挂搭处。气则为金木水火，理则为仁义礼智。”黎靖德编，《朱子语类》，卷一，页 3。

⑥ 参看第三章第一节。

> 滞于形者有尽，妙于理者无穷，理无穷故形亦生生不息，谓之无尽亦可也。①
>
> 阴阳动静之理，交感错综，而万殊出焉，此则理之自然，物之不能违者。②
>
> 天地万物，一理之所为。③
>
> 有理而后有气，有气则有象有数。④

又如胡居仁说："理无穷故形生生不息""阴阳动静之'理'，交戚错综，而万物出焉""天地万物，一理之所为""所乘之机，则此理流行，而有气矣"，都是把万物之生发置于"理"上说明。若以之比较朱子所言："天地间草木禽兽，其生也莫不有种，定不会无种子白地生出一个物事，这个都是气。若理，则只是个洁净空阔的世界，无形迹，他却不会造作；气则能酝酿凝聚生物也。"则可见胡居仁比朱子更明显地认定"理直接创生万物"，此亦是其高举"理"的一种表现。山下龙二说：

> 在朱子思想中，像周、张的理气一体的看法以及理先气后（重视理）的看法是并存的。至明代的朱子学，更强调理。一旦放弃即物求理的知性探究，而盛行容易的实践主义，于是单纯化的片面理论乃为人所欢迎。而且以仁义忠孝为绝对之理，那也是王朝权力所祈望的。⑤

---

① 胡居仁，《居业录》，卷一，页 14b。

② 胡居仁，《居业录》，卷一，页 22a。

③ 胡居仁，《居业录》，卷二，页 28a。

④ 胡居仁，《居业录》，卷二，页 33b。

⑤ 宇野精一主编，洪顺隆译，《中国思想之研究》（一）（台北：幼狮文化事业公司，1977），页 161。

山下龙二是将明代朱学强调“理”的现象，配合明代思想政策、社会学风来理解。当理学从宋代澎湃发展而来，至朱子而集大成，明初学者在朱子学的强烈笼罩下，很难超出其学说的范围。学术发展史中，在一位大思想家之后，其他人往往只能在其学问笼罩下继续一些子题的研究，难能有所创发，或许因此能做得更精微，但也常常更狭隘。以上讨论胡居仁理气观之于朱子的关系，即是如此。

二、心与万物之关系

胡居仁承朱子“理一分殊”的观念，非常强调“物我一理”，因天地万物共同的根源即是天道，故同有此理。基于此，他也说明人之所以能体验“万物与我同体”的根据：

> 天地人物，分虽不同，同此一理；形虽不同，同此一气。故圣人所以真实恳恻，以仁民爱物，乃其心之自然，非强而为之也。其所以民安物阜，而上下与天地同流著，亦其效之自然，非有一毫增益于性分之外也。民之所以仰瞻感化者，亦心之自然，而不容遏，非有强也，所以然者，理一气一故也。[①]

既然人与万物同此一理、同此一气，故圣人仁民爱物的胸怀，非勉强所得，乃是真实恳切地出于人心之自然。而天地万物间这种理气相贯的亲切感，正是人之所以能参天地之化育，而达天人合一之境的根据，也是政教中能上行下效的原因。此理想的生命境界与政治成效亦即是胡居仁讲物我一理、天地一本的二个重点。他说：

---

① 胡居仁，《居业录》，卷四，页 8a～b。

> 所谓一本，天地人物甚事不是一本？孟子言知其性则知天，伏羲仰观天、俯察地，近取诸身、远取诸物，参验错综，无一毫不合处。
>
> 依此写奇偶卦画，而天地人物、古今事变，尽在其中。若非一理，只此数画，如何便能该尽。[①]
>
> 一本者，无一物不是这个理，若有私吝蔽固，便隔断了，成二本去。[②]

所谓一本，就是物我一理。因天、地、人、物共此一理，故孟子言知性可以知天，圣人可以尽观天地事变，胡居仁即据此说明人能达致天人合一之生命理想境界。另外，他说到物我一理时，也很强调上行下效的感化作用，如上文所引，圣人之仁民爱物乃心之自然，接着便言民之所效、仰瞻感化亦心之自然。又如：

> 贵贱虽殊，物我一理，能修己必能诲人，能诲人必能格君。[③]
>
> 物我一理，未有修己而不能治人者，亦未有己不修而能治人者。[④]

"能自新必能新民"这种强调人与其他人间的感染作用，即说明从修身到齐家、治国、平天下的必然性，也是儒家政治、教化的理论与理想。

另外，虽然一本之学也是程颢（1032～1085，字伯淳，明道先生）

---

① 胡居仁，《居业录》，卷一，页 1a～b。
② 胡居仁，《居业录》，卷一，页 22a。
③ 胡居仁，《居业录》，卷一，页 15a。
④ 胡居仁，《居业录》，卷三，页 35a。

学问中的重要观念，[1]胡居仁也极称赞明道之学自大本流出，又说其求仁之教乃最切要，能与天地万物血脉相贯通，[2]但这并不意味着胡居仁在修养方法上与程明道相同，重视直接证悟终极义的仁体。胡居仁只以此一本作为成圣境界之保证，在修养论的途径上他仍道循朱子的途辙。[3]

在胡居仁思想中，真正做为人与万物连接的观念是“心具众理”。“心具众理”同样是朱子思想中的重要观念，胡居仁在内容上几乎完全承继朱子之说，没有创发。“心具众理”之所以重要，乃因朱学是从理气论下贯讲心性论，却又以成德的道德课题为学问重心，心具众理即是连接二者的关键。[4] 朱子理气论的结构，直接影响了心性论的结构；实然存在中理、气二元的关系，密切地与其区分本然之性/气质之性、道心/心的心性论相关，关于此我们在下一章中将有更详细的讨论，此处只说明：因为重视气质之蔽的实然，故朱子虽有“本心无不善”之说，[5]却并不主张反心向内以求理，[6]其修养论足以于外在事物上格物而致内在之知为主。如此之所以可能，乃因“理在物与在吾身只一般”，[7]亦即形上之“理”同时是人与天地万物存在之根本。故“心

---

① 参考牟宗三，《心体与性体》（台北：正中书局，1985），第二册，第一章。

② 胡居仁：“明道天资高，本领纯粹，其学自大本上流出”；“孔门学者以求仁为要，真是好，是教他在切要处求。非但自己一身之好，与天地万物血脉便相贯通。”胡居仁，《居业录》，卷一，页6b，7a。

③ 胡居仁的修养论在结构上虽有异于朱子，但以上敬穷理并进的为学方法，则与朱子相同，参看第三章第二节。

④ 朱子思想，见第三章第一节。

⑤ 朱熹：“心之本体无不善，其流为不善者，情之迁于物而然者也。”黎靖德编，《朱子语类》，卷五，页92。

⑥ 古清美，《朱子理学在明代前半期的变化与发展》，发表于1988年宋代文学与思想研讨会。

⑦ 黎靖德编，《朱子语类》，卷十八，页416。

具众理”在朱子思想中，是“外在事物之理”与“心中之理”同质的说明，也成为从格物到成德之间的连接。我们可说这是朱子的道德观念，又可说朱子讲心具众理与他讲性善、道心的主旨一样，是作为道德主体性的根源与成圣的理想与根据。但是，他修养论的路径，主要并不以此本具之善开展，而是更关注实然之未善，欲通过层层积累之工夫以达至善的境界。

胡居仁和朱子一样，都讲“心具众理”，并以此作为道德内在根据与成圣的保证。在胡居仁思想中，“心具众理”也是作为从理气论到修养论的连接。他说：

> 离内外、判心迹，此二本也。盖心具众理，众理悉具于心，心与理一也，故天下事物虽在外，统之在吾一心。应事接物之迹虽在外，实吾心之所发见。故圣人以一心之理，应天下之事，内外一致，心迹无二。[①]
>
> 心虽主乎一身体之虚灵，足以管乎天下之理，理虽散在万，用之微妙，实不外乎一人之心。知此则内外体用，一而二，二而一也。[②]

天下事物之理虽散在外，却也悉具于人心之中；心不只是身体之主宰，也具备统管天下事物之理，故真正能统合人与物的即是此心。胡居仁也以此心为本体，[③]认为一切应事接物均此心之发用，一切的工夫也应以“存此心”为主。此主敬存心的思想，在胡居仁的学问中占

① 胡居仁，《居业录》，卷一，页 2a～b。
② 胡居仁，《居业录》，卷一，页 25b。
③ 胡居仁，“盖人之一心万理咸备，体也”，胡居仁，《居业录》卷一，页 49b；54b～55a。

着最核心的地位,[①]而涵养的内容又是心所具之理,故“心具众理”的观念实为理气论到修养论的连接。胡居仁重视“涵养心中之理使之明”的看法,也较朱子更直接着重在此观念上建构其修养论。

三、修养论

胡居仁批评陈献章和娄谅之学是大本不立,故陷入异教去,[②]胡居仁所说的大本为何?让我们看他的说明:

> 盖人之一心,万理咸备,体也;随事而应,无不周遍,用也。曾子平日战兢临履,忠信笃实,则其心之本体已立;随事精察,无不详尽,则心之大用已周。所谓一贯者,固在其中矣。……其后子思发明中和,以为中也者,天下之大本也;和也者,天下之达道也。[③]

由此可见,胡居仁把工夫分为大本与达道,大本指内在之涵养心体,达道则是接物的随事精察。[④] 故又可说大本即是静操、体、中的工夫;达道是动察、用、和的工夫。而胡居仁又以“心有主”为这两种工夫的共同基础。

> 心无主宰,静也不是工夫,动也不是工夫。静而无主,不是空了天性,便是昏了天性,此大本所以不立也。动而无主,不是

① 见下文。

② 胡居仁:“自家人本不立,见得道理不分明,未有不入异教者,如陈公甫、娄克贞皆是儒者陷入去。”胡居仁,《居业录》,卷一,页43b。

③ 胡居仁,《居业录》,卷一,页49b~50a。

④ 胡居仁:“静时只下个操存涵养字,便是静中工夫;思索省察是动上工夫”;“中也者,天下之大本也;和也者,天下之达道也。”程子序《易》曰:“体用一源,显微无间,皆此道也。”胡居仁,《居业录》,卷一,页24b~25a;页50a。

猖狂妄动，便是遂物徇私，此达道所以不行也。已立后自能了当得万事，是有主也。[①]

人随动静接物之不同，工夫也有操存、省察之不同，但若心无主宰，则"静也不是工夫，动也不是工夫"，可见胡居仁是以"心有主"为一切工夫的基础。而能使"心有主"则主要在"主敬"：

朱子曰：人才敬时，心便在身上了。又曰：敬则万理具在。[②]

求仁必先主敬者，当体便要存得本心，本心既存，则生理自在。[③]

主敬只是要得此心专一，专一则内直，中自有主，有主，则事物之来，便能照察断制。[④]

而论到"主敬"的内容，以下这段话最清楚：

古今圣贤说敬字，曰钦、曰寅、曰恭、曰畏、曰翼、曰戒惧、曰战兢、曰齐庄，字虽不同，其实一也。《洪范》"貌曰恭"，是外面之敬也，至曰"恭作肃"，则心亦敬也，内外一致也。"临深渊、履薄冰"，形容戒惧之意最切。孔子言"出门如见大宾，使民如承大祭"，又画出一个敬底样子出来与人做。程子言"整齐严肃"，是入敬处；朱子曰"畏"字，是敬之正意。程子"主一无适"，是就存主处说；谢氏"惺惺法"，是就敬之精明处说。尹氏"收敛身心，不容毫发事"，又以人到神祠致敬为喻，即是孔子见大宾、承大祭之

---

① 胡居仁，《居业录》，卷一，页 24a。

② 胡居仁，《居业录》，卷一，页 5a～b。

③ 胡居仁，《居业录》，卷一，页 23a。

④ 胡居仁，《居业录》，卷二，页 7b。

意，形容最亲切。朱子《敬斋箴》说得全备，毫厘有差，便流于禅定，故朱子有三纲沦、九法斁之戒。[①]

他将儒家圣贤的工夫总归于“敬”，从外表整齐严、衣冠容貌、视听言动，到内心之湛然纯一、戒慎恐惧、心常惺惺，都是“敬”的工夫。因此，“敬”是一贯乎动静、内外交致的工夫，胡居仁也把“主敬”视为静涵动察之大本，达道工夫的基础，我们可以说“主敬”实为胡居仁修养论的核心。《明史》称其学：“以主忠信为先，以求放心为要，操而勿失，莫大乎敬，因以敬名其斋”；黄宗羲称其为“一生得力于敬，故其持守可观”，[②]当是至论。

前文论到胡居仁把工夫分为大本和达道，二者又都以主敬使心有主为基础。然而他又说：

存养即所以立本，穷理即所以达道。[③]

换言之，主敬存养又属大本工夫，格物穷理乃属达道工夫。这是否意味着胡居仁以大本工夫为首，以达道工夫为次呢？这两种工夫的关系又如何呢？胡居仁说：

盖静者体，动者用；静者主，动者客，故曰：主静体立而用行也。亦是整理其心，不使纷乱躁妄，然后能制天下之动。但静之意重于动，非偏于静也。[④]

由“主静体立而用行”“静之意重于动”之说，可见胡居仁以大本工夫

① 胡居仁，《居业录》，卷一，页 4a～b。

② 张廷玉，《明史》，卷二八二；黄宗羲，《明儒学案》，卷二，页 29。

③ 胡居仁，《居业录》，卷一，页 4b。

④ 胡居仁，《居业录》，卷一，页 4b～5a。

比达道工夫更重要。他又说：

> 敬为存养之道，贯彻始终，所谓涵养须用敬，进学则在致知，是未知之前先须存养，此心方能致知。又谓识得此理，以诚敬之而已，则致知之后，又要存养，方能不失。盖致知之功有时，存养之功不息。①

可见胡居仁是把主敬涵养，视为第一序的本原工夫，②亦即必须通过主敬的工夫存养心体，使其湛然清明，如此才能有穷理的能力，故以存养为不能止息的本原工夫。而格物穷理则是建立在主敬立本的基础上，为有时而止的第二序工夫。又因“存养所以立本，穷理所以达道”，故在某一意义上可以说：“大本”即第一序工夫，“达道”是第二序工夫。亦即，就二者的关系言，要先立心之大本的工夫，才能有心之达用的工夫，且行达道工夫时，大本亦是已立，故可分主次。然若就心之动静言，则静中要操存，属大本工夫；动中要省察，属达道工夫，二种工夫各依动静而施行，则无主次可分。

虽然存养是第一序工夫，穷理是第二序工夫，但要将心中之理具体呈现，却不是只靠本原工夫可达致的。胡居仁说：

> 闻见之知虽小，天德良知虽大，然闻见之知亦从良知上来，非有良知，安能闻见而知？但闻见之知，则有真伪，宜精察而明辨也。得其真，则合内外之道矣。③

---

① 胡居仁，《居业录》，卷一，页18a～b。

② 从“未有致知而不在敬者，敬其本”“敬，成始成终者也”“存养乃知之本”“未发时，敬以养之；已发时，敬以察之”，都可看出胡居仁以敬为本原的工夫。胡居仁，《居业录》，卷三，页30a；卷四，页30b；40a。

③ 胡居仁，《居业录》，卷一，页47a。

他又说“人之学本于良知良能”“良知出于天，致知在乎人”，[①]此所言“良知”即是先天具于人心的“理”，也是人之所以能洞悉道德真理的根据，因此说闻见之知亦“从良知来”。而致知工夫则成于人应事接物、穷格其理，故曰“致知在乎人”。当所闻见能得其真时，即体现内在天德良知能合于外在事理，故称其为“合内外之道”，故单靠向内的涵养是无法体现众理的。在事物上穷究其理的“格物穷理”工夫，可说是一获得真正闻见知识的过程；主敬工夫则是存养此良知心体。故又可说，主敬是对自我行为动机和意志贞定的工夫；穷理则是对事理真伪明辨的衡定工夫。

所以当胡居仁论到穷理时，以“在事上穷理”为主，且有以此作为与佛家舍离物累之修持对照的意味，毕竟在事上穷格是很能代表儒家应事接物、人伦日用的修养论特质。

> 致知在格物，从事物上穷究其理便实，若只管思索想像，便是思而不学则殆。[②]
>
> 理在物上，故须格物方穷得，释氏遗物，是悬空求理，故只见差去。[③]
>
> 儒者虽存养，又穷理；异端不穷理，所以差也。[④]

不过这种分际也有不清楚之处，例如他说：“存养工夫，只在吾身上穷理，则不分内外皆当格。”[⑤]似乎把存养、穷理混为一事，穷理又可以心

---

① 胡居仁，《居业录》，卷一，页46b；48a。

② 胡居仁，《居业录》，卷一，页53a～b。

③ 胡居仁，《居业录》，卷四，页40b。

④ 胡居仁，《居业录》，卷三，页6a。

⑤ 胡居仁，《居业录》，卷四，页47b。

中之理为对象，如此也使得存养、穷理的主次关系混淆。不过朱子也有类似的说法，[①]我想此处主要是就着这两种工夫不可截然划分，彼此有着互相建构的关系而说的。又因为这样的资料在《居业录》中只有一条，[②]我们也可以当之为概略之说，应不会影响前面的分析。

最后我要略论胡居仁对读书所持的态度。胡居仁对陈献章"不由积累而至者，不可以言传，则四书六经不足以载道矣"之言颇不以为然，[③]由此可见他重视经书、认为经书足以载道。胡居仁说：

> 天地生人物，赖圣人为综理，然后能遂其性、得其所，……或曰圣人不得位，礼乐政教不可行如何？曰，此圣人之功所以难成也，不得已，传述先王之典而修明之以垂教于后世，使后世之欲修己而治人者，从此而学焉。故圣人代天而理物，礼乐政教代圣人而行事，经籍代圣人而传道，事虽不同，其功一也。[④]

对胡居仁而言，经书是传述先王礼乐政教，蕴涵修己治人的大道，故经书具有绝对崇尊的地位，是世道所依赖的标准所在。他说：

> 世道之所赖有二，一则降衷秉彝，不可泯灭；二则赖圣贤遗

---

① 朱子："涵养中自有穷理工夫，穷其所养之理；穷理中自有涵养工夫，养其所穷之理，两项都不相离。"黎靖德编，《朱子语类》，卷九，页149。

② 胡居仁："穷理格物先从性情上穷究，则见得仁义礼智浑然全具于吾心，恻隐、羞恶、辞让、是非随感而发，就从此力加操存省察，推广扩充，此便是原头工夫，根本学问。"这里所谓"在性情上穷究"，是指认识人心本具众理，即能"见得仁义礼智浑然全具于吾心"，并非指反之于心去求理，故从此以后仍是行操存省察之工夫。此并未将存养、格物混为一谈。胡居仁，《居业录》，卷三，页10a。

③ 胡居仁，《居业录》，卷一，页50b。

④ 胡居仁，《居业录》，卷四，页12b～13a。

训尚存。有志之士,尚因可以感发用功。[1]

尽管如此,对于经书内容的诠释,胡居仁并没有深入探究的兴趣,反而完全采信程朱之说。他说:

> 四书、六经之言,广大浩博精密,后世无人理会得,至程朱方理会得。今因程朱之书,以理会四书、五经,如指诸掌。只是人不立志,不反之于身,所以不奈何。[2]

他所重视的是透过身体去将道理体现出来的成就。

> 四书、六经皆是吾身上有底道理,但圣贤先我而觉耳,我未觉所以要读,若不反躬,则皆成糟粕。[3]

他显然不认为以未觉之我去读书而欲获真理,是困难的事,也不认为经书的内容,经过程朱的开示,尚有可怀疑、可修改之处。他关心的是如何体践这对他而言已极明显的真理,认为只有人们反躬实践,经书的价值才得以真正被实现。如此见解,不仅使其学更关注于身心上的实践涵养工夫,也使朱子的许多观点被高举为绝对的标准,并让他自己的思想带有卫道性批判的倾向。

第三节　陈献章自得之学

本节主要讨论陈献章的思想,分为三个部分:第一部分说明陈献

---

① 胡居仁,《居业录》,卷一,页16a。
② 胡居仁,《居业录》,卷三,页1a。
③ 胡居仁,《居业录》,卷二,页51a。

章的成学历程;第二部分探讨其心体呈露、自然学旨、静虚工夫的意义,并阐释他所谓的自得之学;第三部分讨论静坐在陈献章修养论中的地位。

一、成学历程

陈献章之学从朱子学入手,又撤反而出,遂自成一格。《复赵提学佥宪书》一文是探讨其成学历程很重要的一篇文献,[①]底下分段援引此文并加以说明:

> 仆才不逮人,年二十七始发愤,从吴聘君学,其于古圣贤垂训之书,盖无所不讲,然未知入处。[②]

这里所谓"始发愤",是指发愤于作圣之学,在此之前,陈献章曾二次参加京城会试,但都落第。[③]代宗景泰五年(1454)他到江西临川从吴与弼学,据张诩所撰《行状》:"康斋(与弼)性严毅,来者绝不与语,先令治田,独先生有异,朝夕与之讲究。"[④]既然吴与弼的学问既立基于刻苦自励的躬耕实践,此处虽言"朝夕与之讲究""于古圣贤垂训之书,无所不讲",恐非专力抄书本义理的阐发。我们从《明儒学案》所记:"晨光才辨,吴氏手自簸谷,而白沙未起。乃大声曰:"秀才若为懒惰,即他日何从到伊川门下? 何从到孟子门下?"[⑤]可见陈献章从吴与

---

① 陈献章,《复赵提学佥宪》,《陈白沙集》,卷二,页 25a～27a。

② 陈献章,《复赵提学佥宪》,《陈白沙集》,卷二,页 26b。

③ 明英宗正统十三年戊辰(1448),陈献章二十一岁,赴北京春闱,中副榜,入国子监读书。代宗景泰二年辛未(1451),二十四岁,复试下第,乃南归。见陈郁夫编,《明陈白沙先生献章年谱》(台湾商务印书馆,1980),页 12,14。

④ 张翔,《行状》,陈献章,《陈白沙集》附录,页 2b。

⑤ 黄宗羲,《明儒学案》,卷一,页 15。

弼学时所过躬耕实践的生活。

这段求学过程只历经半载,[1]翌年春天,陈献章便归白沙村。究其原因,可能是对作圣工夫仍“未知入处”所致。虽然如此,吴与弼对于陈献章在学问上仍有极大的启发,陈献章曾自言:“予少无师友,学不得其方,汩没于声利,支离于秕糠者盖久之。年几三十,始尽弃举子业,从吴聘君游,然后益叹迷途其未远,觉今是而昨非,取向所汩没而支离者,洗之以长风,荡之以大波,惴惴焉惟恐其苗之复长也。”[2]而张诩也说陈献章“激励奋发之功,多得之康斋”。[3] 可见吴与弼发奋于作圣的精神,虽然未能直接为陈献章指点一可行的道路,却带给他成圣的信心与决心,此无疑给予他相当的惕励与启发,也是使之能奋力于圣学的内在动力。因此《明儒学案》虽以为陈献章“自叙所得,不关聘君,当为别派”,却又肯定地说:“微康斋,焉得后时之盛哉。”[4]

> 比归白沙,杜门不出,专求所以用力之方,既无师友指引,惟日靠书册寻之,忘寐忘食,如是者亦累年,而卒未得。所谓未得,谓此心与此理,未有凑泊吻合处也。[5]

陈献章回到故乡之后,即“闭门读书,穷天下古今典籍,旁及释老稗官小说”,用功至“彻夜不寝,少困,则以水沃其足”的程度。[6] 但是如此的苦读博览,却仍无实益,因为他感受到“此心此理仍未有凑泊吻合

---

① 陈郁夫编,《明陈白沙先生献章年谱》,页 16～17。
② 陈献章,《龙冈书院记》,《陈白沙集》,卷一,页 40b～41a。
③ 张诩,《行状》,收入《陈白沙集》附录,页 13b。
④ 黄宗羲,《明儒学案》,卷一,页 14。
⑤ 陈献章,《复赵提学佥宪》,《陈白沙集》,卷二,页 26b～27a。
⑥ 张诩,《行状》,收入《陈白沙集》附录,页 14a。

处”。这个“未得”的体验，终于策动他的学问逐渐脱离朱学，终于创立新说。当陈献章于书册中用功之时，基本上仍走着朱学格物穷理的路线，朱学主张在博学穷理的积累工夫之后，能豁然贯通于“理一”，而使“心”能朗现全然之“理”。但是，陈献章在累年苦读之后，他所感受的却是透过读书、理性分析或闻见摄取的知识，始终与自身存在着距离，而且这种嫌隙显然不是经由更多的博览可以弥补的，因此他转而另求他法，从此他也正式从朱学中转手而出。

> 于是舍彼之系，求吾之约，惟在静坐。久之，然后见吾此心之体，隐然呈露，常若有物，日用间种种应酬，随吾所欲，如马之御衔勒也，体认物理，稽诸圣训，各有头绪来历，如水之有源委也。于是涣然自信曰，作圣之功，其在兹乎。有学于仆者，辄教之静坐，盖以吾所经历，粗有实者告之，非务为高虚以误人也。[①]

“静坐”就是陈献章放下书册后，为求此心此理之凑泊而用的方法，他筑了一座春阳台，十年静坐其中，[②]终于体验到“见吾此心之体，隐然呈露，常若有物”。而此心体呈露之后，如得一契悟天道的活水源头，日用应酬、体认物理、稽诸圣训，皆有头绪，能随吾所欲，所谓自得之学至此始成。

二、自得之学

陈献章在《仁术》篇中曰：

> 天道至无心，比其著于两间者，千怪万状，不复有可及，至巧

---

① 陈献章，《复赵提学佥宪》，《陈白沙集》，卷二，页 27a。

② 陈郁夫编，《明陈白沙先生献章年谱》，页 24。

> 矣，然皆一元之所为。圣道至无意，比其形于功业者，神妙莫测，不复有可加，亦至巧矣，然皆一心之所致。心乎，其此一元之所舍乎。昔周公扶王室者也，桓文亦扶王室也，然周公身致太平，延被后世；桓文战争不息，祸藏于身者，桓文用意，周公用心也。是则至拙莫如意，而至巧者莫逾于心矣。……圣人未尝巧也，此心之仁自巧也，而圣人用之，故天下有意于巧者，皆不得厕其间矣。周公一金縢，大发寤时主，以后世事观，至巧矣，周公岂有意耶？亦任心耳。①

宇宙万物间至大至巧的变化，都是此一元天道的作为，而人心则是能体悟此至高天道的关键，故曰"心乎，其此一元之所舍乎"；又曰："(道)此理之妙，不容言道，……吾或有得焉，心得而存之，口不可得而言之。"②在陈献章思想里，此心即是能"通塞往来之机，生生化化之妙"，③能于"枢机造化、开阖万象"中见"鸢飞鱼跃之机"的灵明，④亦是"源泉自涓涓"的活水源头，⑤更是"至无有至动，至近至神焉"，⑥能开启一片生机妙动之宇宙，具有无穷创造力之心体。⑦

人世间一切神妙莫测的功业，都是此心之发致；人心若能契悟天道，则一切人伦日用必能达于依天道而行的境界。故陈献章宣称自

---

① 陈献章，《仁术》，《陈白沙集》，卷一，页 69b～71a。

② 陈献章，《论前辈言铢视轩冕尘视金玉》下，《陈白沙集》，卷一，页 67b。

③ 陈献章，《送李世卿还嘉鱼序》，《陈白沙集》，卷一，页 20b。

④ 陈献章，《夕惕斋诗集后序》，《陈白沙集》，卷一，页 14b。

⑤ 陈献章，《答张内翰廷祥书括而成诗呈胡希仁提学》，《陈白沙集》，卷五，页 2a。

⑥ 陈献章，《答张内翰廷祥书括而成诗呈胡希仁提学》，《陈白沙集》，卷五，页 2a。

⑦ 陈荣捷，《白沙之动的哲学与创作》，《王阳明与禅》(台北：学生书局，1984)，页 71；Jiang. Paul Yun-ming, The Search for Mind: Ch'en Pai-sha, Philosopher-Poet (Singapore: Singapore University Press, 1980), Ch. 7.

己在心体呈露之后，即能达到日用间随吾所欲的境地，也更自信于此即作圣之功。而这与天道共消息的境界，也正是陈献章以自然为宗的学旨：

> 此学以自然为宗，……自然之乐，乃真乐也。①
>
> 今日事体所关轻重大小，酌以浅深之宜，随时屈信，与道消息，若居东微服，皆顺应自然，无有凝滞。孔子曰“知几，其神乎”，今以众人有滞之心，欲窥圣人至神之用，恐其不似也。②

对于“自然”，湛若水曾描述如下：“如月之照，如云之行，如水之流，如天葩之发，红者自红，白者自白，形者自形，色者自色，孰安排是？孰作为是？是谓自然。”③陈献章之学就是欲臻于这种不涉做作、安排，如行云流水般享受毫无凝滞的自然真乐。

所谓“天道至无心”“圣道至无意”，即是言人心契悟于天道，与道消息，不应靠私意安排作弄。陈献章又以周公和桓公为例，说明用心与用意的差别。用心者乃是顺天道、天理而行，其成就亦是延被后世的圣人功业；用意者却是依人欲私意而行，故引出无穷灾祸干戈。基于此，我们当可了解陈献章之“虚静”工夫的精神所在。陈献章又说：

> 古之善学者，常令此心在无物处，便运用得转耳。学者以自然为宗，不可不着意理会。④
>
> 人心上容留一物不得，才着一物，则有碍。……是以圣贤之

---

① 陈献章，《遗言湛民泽》，《陈白沙集》，卷二，页 64a。

② 陈献章，《与张廷实主事》第三十五书，《陈白沙集》，卷二，页 61a。

③ 湛若水，《重刻白沙先生集序》，收入陈献章，《白沙子全集》（台北：台湾商务印书馆，1973），卷首，页 2b。

④ 陈献章，《遗言湛民泽》，《陈白沙集》，卷二，页 63b。

心，廓然若无，感而后应，不感则不应，又不特圣贤如此，人心本体段皆一般，只要养之以静，便自开大。①

其未形者虚而已，虚其本也，致虚之所以立本也。②

至虚元受道。③

为学当求诸心，必得所谓虚明静一者为之主。④

陈献章学问主要用功处在“心”，有“为学当求诸心”“反求诸身，霸柄在手”“枢纽在方寸，操守决存亡”“乃知方寸根，中禀天地塞”之言。⑤而用功之方则是要“常令此心在无物处”，才能不为物蔽、能运用得转。亦即，应极尽地静虚属于人为的意必固我，使人之心体达“虚明静一”之境，如此才能“受道”，才能达到“不戚不应，感而后应”完全与道消息的境地。

“静中养出端倪”确实是陈献章工夫论的关键；⑥“以自然为宗”意指修道的最高境界；“随处体认天理”则指心体契悟天道后，能见得“夫道，非动静也，得之者，‘动亦定，静亦定，无将迎，无内外’，苟欲

---

① 黄宗羲，《明儒学案》，卷五，页 84。

② 陈献章，《复张东白内翰》，《陈白沙集》，卷二，页 13b。

③ 陈献章，《寄题小圆冈书屋和民泽韵》，《陈白沙集》，卷七，页 42a。

④ 陈献章，《书自题大塘书屋诗后》，《陈白沙集》，卷四，页 69a。

⑤ 陈献章，《示黄昊》《和杨龟山此日不再得韵》《赛兰》，《陈白沙集》，卷八，页 69b；卷五，页 1b，10a。

⑥ 陈荣捷曰：“先生(白沙)学说之两大因素，一为主静，可谓来自周子与二程子。一为生机，则来自大程子明道，无可疑者。先生取此二者并合之，为其‘静中养出个端倪’(与贺克恭)。于此在理学史上开一新生面。端者始也，以时间言；倪者畔也，以空间言，端倪实指整个宇宙。即谓静中可以养出生生活泼的宇宙之意，先生所谓‘宇宙在我’者(与林郡博)，即是此意。……请注意‘养出’二字，此二字指动的生产与动的成立，即于静中能发现此生生之宇宙，更可云再造此生生之宇宙。”陈荣捷，《白沙之动的哲学与创作》，《王阳明与禅》，页 71。

静，即非静也”，于是“随动随静以施其功”。[①] 换言之，从起首之“虚静”工夫中翻上一层，去掉执虚之蔽，使能达无偏不执、顺应天道之功。[②] 而“静中养出端倪”却是陈献章为学工夫的关键，因只有透过此至无的静虚工夫，才能让心体自然呈露，才能对生生不息、神机妙动的天道有深刻之契悟，后面的学问境界也才可能达致。

从以上陈献章成学的历程与思想境界看来，所谓“自得之学”可说即是意指“得道”“臻于自然”。何以如此？我们从陈献章“所谓未得，谓此心与此理未有凑泊吻合处也”看来，所谓“自得”之“得”应当指着心体呈露之后，得以凑泊于天理而说的。陈献章在《与林郡博》书中又说道：

> 终日乾乾，只是收拾此而已。此理干涉至大，无内外，无终始，无一处不到，无一息不运。会此则天地我立，万化我出，而宇宙在我矣。得此霸柄入手，更有何事？往古来今，四方上下，都一齐穿纽，一齐收拾，随时随处，无不是这个充塞。色色信他本来，何用尔脚劳手攘？[③]

能会得此“天理”，即能与天地万物同体，而达“色色信他本来，何用尔

---

① 张诩，《行状》，《陈白沙集》附录，页 14b。

② 张诩，《行状》：“其始惧学者障于言语事为之末也，故恒训之曰：‘去耳目支离之用，全虚圆不测之神。’其后惧学者沦于虚无寂灭之偏也，故又恒训之曰：‘不离乎日用而见鸢飞鱼跃之妙。’”可见白沙的涵养是由静入手，至功深力到后，再向上翻一层去掉执静之偏，而达随道动静之境，此处“其始”“其后”当不可忽视。而林继平在《白沙学的形成》一文也以白沙学有三阶段，第一阶段为静中养出端倪，第二阶段为随处体认天理，第三阶段是以自然为宗。见张诩，《行状》，《陈白沙集》附录，页 15b。林继平，《明学探微》（台北：台湾商务印书馆，1984），页 44～59。

③ 陈献章，《与林郡博》第五书，《陈白沙集》，卷三，页 21b～22a。

脚劳手攘”的自然境地。而此学之“霸柄”则在“反之于身”的“心体”上。[①] 因此我们可以说，陈献章的自得之学就是对其学问的整体描述，即由“静虚”之工夫，至“心体呈露”，妙悟于“此心此理”之凑泊，而能“随处体认天理”，终至能“顺应自然”。故自得之含意不仅有自我得道之义，更有泰然真乐之义。[②] 而“自得”之“自”字，也不止于“有诸己”的切身意义，还含有将整个学问判准放之于己的强烈自信，此亦是心学的重要精神之一。[③]

另外，陈献章还有几段提到“自得”的文字，是从不同的角度来谈论这学问的经历。例如：

> 人要学圣贤，毕竟要去学他。若道只是个希慕之心，却恐末梢未易凑泊，卒至废弛。若道不希慕圣贤，我还肯如此学否？思量到此，见得个不容已处，虽使古无圣贤为之依归，我亦住不得，如此方是自得之学。[④]

这是就做学问的内在动机而言，人须要具备一“不容已”的作圣决心，才可能有所谓自得之学。又说：

---

① “反求诸身，霸柄在乎”，《示黄昊》，《陈白沙集》，卷八，页 69b。

② 姜允明：“白沙自得的哲学，颇为微妙复杂，‘自得’可以说是自我实现或自我完成（Self-realization），或是自我确信的心境，也可以指心地泰然的境界，是快乐的泉源。但在白沙学中，自得最重要的一项意义是心的创造观，由涵养静虚，直接由‘直观’深思悟此心此理的凑泊，领会出‘充塞往来之机，生生化化之妙’，是不落言诠的个人体验。”姜允明，《明儒陈白沙生平学说概观》，《心学的现代诠释》（台北：东大出版社，1988），页 134。

③ 陈献章很强调学问要切己，如“疑而后问，问而后知，知之真则信矣。故疑者，进道之萌芽也，信则有诸己矣。《论语》曰：‘古之学者为己。’”所以自得之“自”，有“有诸己”和由疑、问而到真知的“自信”义。见黄宗羲，《明儒学案》，卷五，页 88。

④ 黄宗羲，《明儒学案》，卷五，页 84。

> 士从事于学，功深力到，华落实存，乃浩然自得。[①]

这是就学问之工夫而言，须“功深力到”才可能结出果实，怡然自得。

> 山林朝市一也，死生常变一也，富贵贫贱威武一也，而无以动其心，是名曰自得。自得者，不累于外物，不累于耳目，不累于造次颠沛，鸢飞鱼跃，其机在我。知此者，谓之善学，不知此者，虽学无益也。[②]

这是就自得之学所达之境界言，所谓“自得者，不累于外物，不累于耳目，不累于造次颠沛，鸢飞鱼跃”，其实就是能妙契于道、合于自然的圣人境界。[③]

> 所未语者，此心通塞来往之机，生生化化之妙，非见闻所及，将以待世卿深思而自得之，非敢有爱于言也。[④]

这是就自得之学非语言、闻见可及而言。

以上这些不同的角度，反映了陈献章自身的体悟经验。陈献章的成学经历，即是以一颗“不容已”的作圣决心，在长期的摸索中用功，终于功深力到而浩然自得，达致“通塞往来之机，生生化化之妙”、全无物累之境。故此我们可以说，“自得”确实能表现陈献章学问之真精神，不仅能涵括其思想内容，也是其践履工夫所开创之境界的写照。

---

① 陈献章，《李文溪文集序》，《陈白沙集》，卷一，页 9b～10a。

② 黄宗羲，《明儒学案》，卷五，页 89。

③ 此处言自得者能不累于外物，不累于耳目，体悟山林朝市、死生常变、富贵贫贱夷狄患难皆一也，与先生在《论前辈言铢视轩冕尘视金玉》一文，由“知道”而论“铢视轩冕尘视金玉”“君子能自得”主旨相同。故自得之境界，即是此心能契悟于道的境界。

④ 陈献章，《送李世卿还嘉鱼序》，《陈白沙集》，卷一，页 20b。

三、静坐在白沙修养论中的地位

陈献章自述其成学经历是通过"静坐"才见心体之呈露，而自信"作圣之功，其在兹乎"。但是张诩于《白沙先生墓表》中却说："(陈献章)杜门独扫一室，日静坐其中，虽家人罕见其面，如是者数年，未之得也。于是迅扫夙习，或浩歌长林，或孤啸绝岛，或弄舟投竿于溪涯海曲，忘形骸，捐耳目，去心志，久之，然后有得焉。"湛若水也说他"习静于春阳台，十载罔协于一"，[①]此皆与陈献章之自述不同。诚然陈献章的生活及其自得之学的表现，均如《墓表》所记，非囿于"静坐"的工夫，但我们却不能无视于他自述心体呈露，俨然"得道"的经验。故此处想进一步追问，对于陈献章而言，"静坐"之于"得道"是否为一关键且必要的工夫？抑或只是有助于身心收敛的方便工夫？若属后者，我们将可说张、湛二人之记，虽与其师在文字上有出入，却不妨其义理上之密契；然若属前者，则恐怕相违者不仅于文字。

首先，我们可以看到"静坐"已融入陈献章的生活的重要部分，即使在春阳台十年静坐之后，他也没有因心体已呈露，而舍离或超越这种修持的工夫。例如他说："老拙每日饭后，辄瞑目静坐竟日，甚稳便也。"其诗也言"坐久头鸣籁，行迟脚有鹅，林居三十载，一室小维摩""隐几一室内，兀兀同坐忘""何如此庵中，红日抱膝坐"。[②] 对于后学的教导，也是以静坐为主：

---

① 湛若水，《明故翰林院检讨白沙陈先生改葬墓碑铭》，收入《陈白沙集》附录，页 21b。

② 陈献章，《与光禄何子完》《寄容一之》《和杨龟山此日不再得韵》《题扇》，《陈白沙集》，卷二，页 41a；卷七，页 19b；卷五，页 1b，40a。

有学于仆者，辄教之静坐，盖以吾所经历，粗有实效者告之，非务为高虚以误人也。①

为学须从静中坐，养出个端倪来，方有个商量处。②

客来莫问我，北壁有团蒲。③

先生教人，其初必令静坐，以养其善端。④

虽然"静坐"与道家之"坐忘"、佛家之"坐禅"有深密的渊源，但陈献章儒家立场很明确，他强调静坐在儒家的正统地位。他说：

周子《太极图》说："圣人定之以中正仁义而主静"，问者曰："圣可学欤？"曰："可。"曰："孰为要？"曰："一为要，一者无欲也。"《遗书》云："不专一，则不能直遂；不翕聚，则不能发散。见静坐而叹其善学，曰：性静者可以为学。"二程之得于周子也，朱子不言，有象山也，此予之狂言也。⑤

伊川先生每见人静坐，便叹其善学。此一静字，自濂溪先生主静发源，后来程门诸公递相传授，至于豫章、延平尤专提此教人，学者亦以此得力。晦翁恐人差入禅去，故少说静，只说敬，如伊川晚年之训，此是防微虑远之道。然在学者，须自度量如何。若不至为禅所诱，仍多着静，方有入处。若平生忙者，此尤为对症之药。⑥

综上所论，陈献章于生活、教学，及其对儒学传统之观照，都与静

---

① 陈献章，《复赵提学佥宪》，《陈白沙集》，卷二，页27a。
② 陈献章，《与贺克恭黄门》，《陈白沙集》，卷二，页15a。
③ 陈献章，《洗竹》，《陈白沙集》，卷五，页37b。
④ 黄宗羲，《明儒学案》，卷六，页105。
⑤ 陈献章，《书莲塘书屋册后》，《陈白沙集》，卷四，页61a～b。
⑥ 陈献章，《与罗一峰》，《明儒学案》，卷五，页83。

坐有极密切的关系。而且，在义理层次上，静坐也因与“虚静”的工夫相关而有特殊的重要性。虽然“静坐”不能完全代表“虚明静一”的境界，太沦为静也不无“虚无寂灭”之偏，但它却是欲达尽去私意之“虚”，所不能缺少的工夫。而陈献章论到“静坐”时，又常与“读书”的问题相提并论，例如：

> 学劳扰则无由见道，故观书博识，不如静坐。①
>
> 朽生何所营，东坐复西坐，搔头白发少，摊地青蓑破。千卷万卷书，全功归在我，吾心内自得，糟粕安用那？②
>
> 先生教人，其初必令静坐，以养其善端。尝曰：人所以学者，欲闻道也，求之书籍而弗得，则求之吾心可也，恶累于外哉。此事定要觑破，若觑不破，虽日从事于学，亦为人耳。斯理识得为己者信之，诗文末习，著述等路头，一齐塞断，一齐扫去，毋令半点芥蒂于胸中，然后善端可养，静可能也。始终一境，勿助勿忘，气象将日佳，造诣将日深，所谓至近而神，百姓日用而不知者，自此迸出面目来也。③

“读书”是吸取见闻、获得知识最有效的方法，也是人运用文字和理性思考最多的活动。相反的，“静坐”则是最能代表脱离语言文字思考及感官闻见作用的一种活动。一个人若非经过实际舍离间见、语言的“静”的操练，几乎不可能进入“静虚默观”的境地。而陈献章对“道”之不可言传性的见解，也使得他对静坐有更深的肯认：

---

① 黄宗羲，《明儒学案》，卷五，页 83。

② 陈献章，《藤蓑》，《陈白沙集》，卷五，页 10a。

③ 黄宗羲，《明儒学案》，卷六，页 105。

> 夫学有由积累而至者，有不由积累而至者，有可以言传者，有不可以言传者。夫道至无而动，至近而神，故藏而后发，形而斯存。大抵由积累而至者，可以言传也，不由积累而至者，不可以言传也。
>
> 知者能知至无于至近，则无动而非神。藏而后发，明其几矣，形而斯存，道在我矣。①
>
> 此理之妙不容言道，至于可言，则已涉乎庞迹矣。何以知之？曰：以吾知之，吾或有得焉，心得而存之，口不可得而言之。②

陈献章认为学问可分为两种，一种可以靠语言文字传达，可以靠积累而得；另一种则是不能由语言文字传达，也不能由后天积累而得。而“道”的学问正是属于后者。既然“得道”不可能经由语言、文字、读书、思考有直接的助益，反而可能沦为障蔽，只有回到自我的“心”上，修持到外物至无累的境地，受道之本然心体方有可能跃出。因此，陈献章以“静坐”为学之端的，正是这种欲舍离外蔽、回复本真之工夫的最佳代表。如前文所论“静中养出端倪”是一“由无到动”的经历，没有“静”则不可能有本心跃然之“动”的生发，我们还可以说，没有“静坐”，则不可能进入真正“静”的状态。故静坐之于陈献章，实不仅只是欲收敛精神的方便手段，更是欲达到随道动静的自然境界，所不可缺少之虚静工夫的重要部分。越过静坐的修持而欲讲随处体认天理，并不契于陈献章之教。因此，我认为湛甘泉和张诩二人的记载，

---

① 陈献章，《复张东白内翰》，《陈白沙集》，卷二，页 13a。

② 陈献章，《论前辈言铢视轩冕尘视金玉》下，《陈白沙集》，卷一，页 67b。

正显示出他们对陈献章静中养出端倪的学问特质，并不十分密契。[①]

第四节　是禅非禅的议题

第一节论到胡居仁对陈献章的主要批评即在指斥其为禅，其实当时也有人提出同样的批评，[②]而且晚近许多学者论到陈献章之学，也都讨论了是禅非禅这一课题。[③] 我在本节虽也触及这问题，但目的并非在评论陈献章之学是禅或非禅，而是希望透过对此问题的探讨，能更深刻地了解陈献章学术的精神，以及胡居仁批评的意义所在。希望让胡、陈二人思想“对话”，突显二人的独特个性，再进一步以第三者立场来评议胡居仁对陈献章的批评内容，讨论这些批评是否为深入了解陈献章思想而提出，抑或只是以个人立场为判准而无意于沟通的批判。最后，我也试图讨论胡居仁之批评在学术史上的意义。

一、陈献章与禅

如果我们只就本体论和终极境界来探讨陈献章的学问与禅的关系，我们可以很清楚地断定，陈献章之学不是禅，也可以立刻反驳胡

---

① 侯外庐在《宋明理学史》中说：“陈献章的及门弟子，《明儒学案》录十二人，最著者当为湛若水、张诩二人。他二人代表了陈献章门人阐发江门心学时的两种不同倾向：吸收融会程朱理学思想和吸收融会佛、老思想。”湛若水和张诩在进一步阐述陈献章心学时所表现的思想倾向尽管不同，甚至互相对立，但在偏离陈献章江门心学的主要论题上则是共同的。侯外庐，《宋明理学史》（北京：人民出版社出版，1987），页 196～200。

② 除了胡居仁外，夏尚朴、罗钦顺也批评陈献章为禅。

③ 容肇祖，《明代思想史》（台北：台湾开明书店，1962）；章沛，《陈白沙哲学思想研究》，（广州：广东人民出版社，1984），页 251～265；黄桂兰，《白沙学说及其诗之研究》（台北：文史哲出版社，1981），页 60～63；Jiang Paul Yun-ming，The Search for Mind.

居仁等人的批评。因为陈献章的本体论观点是以“道”为根本，这与宋明理学家们所言的至高天道并没有不同，[①]而其学问所达的终极境界，即是心凑泊于理、通塞往来之机、能与道消息的自然境界，[②]基本上与朱子豁然贯通后的顺道而行是一致的。[③] 故陈献章之学在形上本体论方面，仍遵从宋明理学家所共遵“生生之易”的天道观。而禅学本体论的最终实体意义是“空”，即否定一切的独立实存性，乃一彼此涵摄、事事无碍的法界，所欲达的终极境界则在能见此“空”之明，能脱离虚幻现象界之执，最终能超越轮回。从儒家的本体论出发，天地间万事万物不仅是天道流行的真实创造，人生存于此天地中亦当体悟此至高天道，与天地万物和谐相处，故儒家生命的最高境界即在天地万象、人伦日用中追求并体现。反观禅家的本体论，天地间万物仅是一因缘起而有、因缘起而灭的虚幻性存在，人生存此天地中当突

---

① 陈献章“道至大，天地亦至大，天地与道若可相侔矣，然以天地而视道，则道为天地之本，……故至大者道而已”；“天得之(道)为天，地得之为地，人得之为人”。虽然陈献章学问以“心”为主，但学问宗旨在“至虚受道”“心得而存之”，在“心与理凑泊”“终日乾乾在收拾此理”，可见他除了重视心体，也肯定宇宙本体一至高的天道和天理。这“道”和“理”是“无内外、无始终、无一处不到、无一息不运”，是“至无而动，至近而神”，故成圣即在心得此理，顺道消息。因此他所说的天道和理，在内容上并不异于朱子，都是指着宇宙人伦最终根源而说的。山下龙二说：“陈白沙……意识到朱子学成了对立，不过这种对立是方法上的对立，没有成为对‘理’的见解上的根本的对立。……陈白沙所了解的‘理’本身的内容几乎和朱子不差。”陈献章，《论前辈言铢视轩冕尘视金玉》上，《陈白沙集》，卷一，页 65b～66b；页 68；山下龙二之言，见加藤常贤监修，蔡懋棠译，《中国思想史》，页 152～153。

② 见本章第三节。

③ 朱子：“遗书云：《易》无思无为也，此戒夫作为也。向来欲添非字，以今观之，似不必然。此意盖明，圣人之所谓无，非漠然无所为也，特未尝作为耳，只此便是天命流行，活活泼泼地。”又说：“须是都无此意思，自然从容中道，才方纯是道心。”可见朱子也是以顺天命流行、纯任自然为圣人最高境界。朱熹，《答林择之》《答张敬夫》，《晦庵先生朱文公集》，卷四三，页 33a～b；卷三二，页 8。

破此虚幻的无明，从业障中解脱，故其生命的最高境界即在舍离此天地万象、人伦日用的无明偏执，欲期真智慧的如实照用。由陈献章与禅在学问最根本处及所欲达之终极境界的差异看来，我们可以说陈献章确属儒家，而非禅家。再从陈献章本人的文字来看此问题：

> 禅家语初看亦甚可喜，然实是笼侗，与吾儒似同而异，毫厘间便分霄壤，此古人所以贵择之精也。如此辞所见，人体处了了如此，如此闻者安能不为之动？但起脚一差，立到前面，无归宿、无准的。便日用间种种各别，不可不勘破也。[①]

陈献章的儒家立场鲜明，其所谓“与吾儒似同而异，毫厘间便分霄壤”，意指儒、佛两家在工夫论上虽极相近，但在学问的根本处却决然不同，学者若不能在学问立脚处分辨此毫厘之差，终将丧失学问的终极立场。他又说：

> 承喻有为毁仆者，有曰：“自立门户者，是流于禅学者。”甚者则曰：“亡人率人为伪者。”凡于数者之诋，执事皆不信之，以为毁人者无所不至。……仆又安敢与之强辩，姑以迹之近似者为执事陈之。孔子教人文行忠信，后之学孔氏者，则曰一为要，一者无欲也，无欲则静虚而动直，然后圣可学而至矣。所谓自立门户者，非此类欤？佛氏教人曰静坐，吾亦曰静坐；曰惺惺，吾亦曰惺惺；调息近于数息；定力有似禅定。所谓流于禅学者，非此之类欤？[②]

---

① 陈献章，《与时矩》第三书，《陈白沙集》，卷三，页 50a～b。

② 陈献章，《复赵提学佥宪》第三书，《陈白沙集》，卷二，页 29a～30a。

陈献章承认其学问在方法之形迹上确实与禅学有相似处，故屡遭诋毁，然其学旨不同，主要欲通过“无欲则静虚而动直”以臻孔子圣学的殿堂。此处不仅明白表示自己儒者的立场，更在儒学传统中为自己找到定位，绝无“自立门户”之意。他又说：

> 近苦忧病相持，无以自遣，寻思只有虚寂一路，又恐名教由我坏，佛老安能为我谋也，付之一叹而已。[①]

虽然从学问本质和形迹来分析这问题，看似清晰，对于陈献章归属儒家的立场也很肯定。然而，本质与方法是否真可以截然划分，而不彼此影响？事实上，这是不可能的。学问根本立论处的差异，自然会引发方法论上的差异；同样的，在修养论上吸收另外系统的方法，也会造成义理结构的变化。尤其在学术发展中，往往很难分辨到底是本质的改变影响方法（形迹），或是方法的改变影响本质。我们纵观整个儒学发展，可以清楚地发现，不同时期儒学内部因着与其他思想的结合，在理论与方法上都呈现很大的差异。因此，此处所涉及的问题包括：真的可以清楚地界定儒家和佛家后，再凭此界定来判准学问心态吗？谁可以（有权）提出界定的标准？其凭借为何？如此界定的目的又是什么呢？这些关系着学术与权力的问题，或可引领我们进一步了解胡居仁对陈献章的批评。

胡居仁显然也了解儒学和禅学在方法上的相似性，以及不可混迹以为本的原则。事实上，他也曾说过一段与陈献章相近的话：

> 禅家害道最甚，是他做工夫，与儒家最相似，他坐禅入定工

---

① 陈献章，《与容一之》第二书，《陈白沙集》，卷三，页41a。

> 夫，与儒家存心工夫相似；他门心空，与儒家虚心相似；他门静坐，与儒家主静相似；他们快乐，与儒家悦乐相似；他性周法界，与儒家万物一体相似；他光明寂照，与儒家虚灵知觉相似。儒家说从身心上做工夫，他亦专要身心上做工夫；儒家说诚意，他便发诚心；故似是而非，莫过于禅家，所以害道尤甚。[①]

尽管如此，胡居仁仍极力指斥陈献章为禅，可见他并不认为陈献章与禅的关系只停留在形迹相似上，而是更为密切；胡居仁所关注的，也不只是对陈献章之学提出“正确”的评价而已。当时陈献章已对朱子学提出挑战，影响着整个儒学的发展趋向，故一生以发扬儒学为己任的胡居仁，实有着不得不辩的心情。[②] 另外，若我们着眼于当时学术界中的权力竞争，胡居仁之“误解”陈献章亦有巩固己学、不得不然的政治性，而陈献章的不言不辩也透露着玄机。底下让我先讨论陈献章和禅的密切关系。

陈献章的思想以致虚为本，通过静虚的工夫为使心体呈露，体悟天道、契于自然；又认为得道不可经由积累闻见，故读书在陈献章思想中成为不重要的活动，甚至有劳扰之嫌。这一套思想与禅学的“明心见性，直指本心，不立文字”有相当相似处。道既不可由积累而得，根本工夫即无所谓渐修可言，只在一“觉”，陈献章所谓“人争一个觉，才觉便我大而物小，物尽而我无尽”，[③]也与禅宗所说的“顿悟”接近。又因讲求静虚使心无意无累，故舍于物累也是陈献章问学的重要工

① 胡居仁，《居业录》，卷四，页 48b。

② 胡居仁曾任主白鹿洞书院，为当代儒学领袖。

③ 陈献章，《与时矩》，《陈白沙集》，卷三，页 49b。

夫，这也和禅学舍离现象界，以及“无念、无相、无住”的修持相似，他也说：“儒与释不同，其无累同也。”[①]

除此之外，陈献章诗文中也常提及观览佛经，或引用佛语，甚至以山僧自譬：

> 无奈华胥留不得，起凭香几读楞严。[②]
>
> 胸中一部莲华经，江云浩浩江泠泠。[③]
>
> 得法休藏钵，传心信有灯。[④]
>
> 白沙诗语如禅语。[⑤]
>
> 无住山僧今我是，夕阳庭树不闻鸦。[⑥]

事实上，陈献章诗文除了表现与佛学密切的关系外，也含有道家的色彩，又心契陶潜（365～427）、邵雍（1011～1077）。[⑦] 历来学者对陈献章思想定位的问题，并没有一固定的看法，[⑧]这里我也无法为陈献章的学问在曾点、邵雍、程朱、陆九渊、禅学中找到一定位；我更想探究造成其学问风貌的真正精神所在。

第二节论到胡居仁信服程朱学说，他往往高举程朱观点以为判

---

① 陈献章，《与太虚》，《陈白沙集》，卷三，页 32b。

② 陈献章，《午睡起》，《陈白沙集》，卷九，页 10b。

③ 陈献章，《病中寄张廷实用杜子美韵》，《陈白沙集》，卷八，页 82b。

④ 陈献章，《昼睡偶成寄玉台文定上人》，《陈白沙集》，卷七，页 25b。

⑤ 陈献章，《次韵张东海》，《陈白沙集》，卷八，页 66b。

⑥ 陈献章，《得世卿子长近诗赏之》，《陈白沙集》，卷九，页 41a。

⑦ 黄桂兰，《白沙学说及其诗之研究》，第二章。陈献章也有和陶诗一组，也屡屡称道邵雍。

⑧ 章沛指出，明代对陈献章学术的评价可分为三个看法：一是指其学不属儒家，而属禅家，以胡居仁、罗钦顺为代表；二是以其学与陆王心学一致，以黄宗羲为代表；三是认为其学既非禅学，亦非心学，乃儒家之一脉，高攀龙即持此见。见章沛，《陈白沙哲学思想研究》，页 6～7。

准,故思想具有卫道性批判的倾向。相对的,陈献章学问的特点,则是从程朱正统的范围内解放出来,他把学问真正的判准留给本心,而不置诸经书传统。他说:

> 往古来今几圣贤,都从心上契心传,孟子聪明还孟子,如今且莫信人言。①
>
> 六经尽在虚无里,万里都归感应中,若向此边参得透,始知吾学是中庸。②

任何经书和圣贤教训若不经过自我本心的验证,只是虚空无益之学;相反的,心若能凑泊于理,则凡能合于此心之理者,虽不属儒家之言亦不害其达道中理。故学问的取舍不是依凭有形的学派或传统,而是取决于自我的本心。这是陈献章学术最突出的特点,此对于心体的重视与信任,不仅在学术发展史中有重要的意义,更表现出陈献章不重门户的阔达胸襟。他说:

> 诗到尧夫不论家,都随何柳傍何花,无住山僧今我是,夕阳庭树不闻鸦。③
>
> 撤百氏之藩篱,启六经之关键。④

陈献章学问之所以有许多风貌,除了因其以心为判准、不重门户的精神所致,当然也与他早年的博览群书有关。⑤ 虽然早年的经验没有直

---

① 陈献章,《次张廷实读伊洛渊源录》,《陈白沙集》,卷六,页 74b。

② 陈献章,《与湛民泽》,《陈白沙集》,卷六,页 74a。

③ 陈献章,《得世卿子长近诗赏之》,《陈白沙集》,卷九,页 41a。

④ 陈献章,《湖山雅趣赋》,《陈白沙集》,卷四,页 38b。

⑤ 张诩:"自临川归,……闭户读书,尽穷天下古今典籍,旁及释老稗官小说,彻夜不寝。"张诩,《行状》,收入《陈白沙集》附录,页 14a。

接助其得道，但对于日后的学问精神必有影响。当然，此处虽然言“许多”学风，却绝不能忽视它们是融会于陈献章自得之学中，其实是以一种崭新而整合的意义呈现的。

二、评议胡居仁对陈献章的批评

本章第二节分析胡居仁的批判内容时，曾试着厘清这整组批评的立论点，并指出其反映胡居仁的思想模式。本节则将由陈献章思想出发，试图回应这些批评。

让我先再次简要陈述陈献章之学。陈献章以“道”“天理”为天地之本、造化之原；论到学成之境界，则讲“心凑泊理”“收拾此理”。陈献章对“天道”“理一”的构想与朱子并无不同，“心与理凑泊”与朱子“豁然贯通”同样是描述契悟天道、与道消息的境界，故其“心凑泊理”与朱子格物致知必须修养到使心与理一的看法，有一致性。所不同的乃是，陈献章没有区分人心/道心，而是以全善且具创造力的心体为其思想的核心。他不但以心为能握天地变化之妙的契机，为能体悟天道天理之内容，也将成圣的关键置诸此心体之呈露，即是“觉”的作用。故以“一片虚灵万象存”“物有尽而我无尽”，指称此心体能会通于至高无穷之天道，契悟于天地万物之生化妙境。此处所谓“物有尽”，即是指天地万物、气之消长；“我无穷”则意指心体能证悟于一切变化之原的“道”。至于如何能使此心体呈露？陈献章则指出一条从至静到至动的工夫途径，认为只有通过虚静的工夫，才可能使心体跃然。因此在修养论上，他讲求无意、无累，重视静坐而反对读书，认为此才是真正的“有本之学”。

由此，我们再看胡居仁对陈献章的批评，主要根据自己理气二分、心性二分的观点出发，批评陈献章“认气作理”，完全忽略陈献章所说的“道”或“天理”的部分。陈献章在理气论上明显不同于朱子和胡居仁，他泯除理、气二元的分际，对“心”的信任也强于朱子，故在修养论上也充分展现对心体的重视。而胡居仁根据“物有尽而我无尽”的字面义，批评陈献章是“物我二理”，实扭曲了陈献章以心体证悟天道、会通本原故超乎变化而说的无尽之义。

另外，胡居仁以物我一理、心具众理来说明万物一体，并批评陈献章“一片虚灵万象存”是以精神强包万物入胸中，故更与万物乖离，且有张皇烜爀之危。[①] 然而，对陈献章而言，只有令心在无物处，让心在静虚中养出纯善之端倪，才不会偏滞一处，也才能真正与万物同体。[②] 因此他所谓“一片虚灵万象存”并非以精神强包万象，而是对其具创造义之心体的描述。既然成圣的首要关键在心，此不仅不会与万物乖离，更是人能体悟与天地万物同体的根据，更无关乎张皇烜爀。

胡居仁对陈献章修养论的批评，同样不能契于陈献章的思想，更多反映着二人不同的立场。胡居仁以为不读书、不穷理、废弃小学、讲求虚静，等于自绝于明理致知的途辙，是循高蹈空的无本之学；但对陈献章而言，去耳目之支离、绝心之意必固我、完全虚静的工夫，却正是入圣之学的关键。读书穷理的积累工夫，不但不能使人得道，反

---

① 胡居仁：“如公甫所说，是常把这天地万象积放胸中，只弄得这些精神，岂暇再去思量事物之理，故张皇烜爀，自己不胜其大，故下视圣贤，小视天地。”胡居仁，《居业录》，卷四，页 42b。

② 陈献章：“人与天地同体，四时以行，百物以生，若滞在一处，安能为造化之主耶？古之善学者，常令此心在无物处，便运用得转耳。”陈献章，《遗言湛民泽》，《陈白沙集》，卷二，页 63b。

而可能使人远离在心上用功,更陷入纷扰。

综上所论,胡居仁并不能深入了解陈献章思想,而给予公平性的批评,他是以自我学术立场为出发点,对当代异己的学风提出攻击性的指斥,所以与其将此批评视作对陈献章之学的评价,毋宁将之视为胡居仁借以积极发扬己学的方法。若我们从胡、陈二人在儒学发展史上所扮演的角色来看,将可更深入了解胡居仁批评的意义。

在宋明理学发展中,胡居仁主要欲持守住朱学的传统,陈献章则试图从朱学中解放出来,此亦为明代儒学开创一新的契机。因此,胡居仁批评陈献章为禅的主要目的,即是为抑止程朱理学遭受混淆而变易,这是他自认所当负的学术责任。他指斥陈献章为禅,当然不是指献章之学等同于佛家空的本体论或追求超越轮回;他更关心陈献章的学问受了禅学的影响,发展出和朱子学不同的理论和方法。这股新的学术思潮不仅影响当时学风,①更可能改变整个儒学走向,甚至撼动胡居仁的学术地位,故胡居仁是为捍卫他所认同的"正统"儒家而战。他批判的内容固然有简陋不公允处,所执的立场也影响他对陈献章之学有同情的了解,然而我们不该只从单纯的学术评价来看他的批评,因为这些批评是直接参与当时学术发展的一种努力,也具有影响学术发展的力量。故此,即或胡居仁有强烈的主观立场,但这也是他真诚面对抉择时所不可避免的,他对陈献章的批评也与黄宗羲之后许多学者的评价迥然不同,这种差异正反应了时间的距离和关怀重点的转移。后代学者不再直接参与过去历史的发展,论学

---

① 胡居仁:"陈公甫旷大,今之有才气底人多喜之,所以鼓动得人;又气魄大,中人以上为其所引,中人以下为其所驱,为害尤甚。"可见陈献章对当时学界影响很大,胡居仁对此则耿耿于怀。见胡居仁,《居业录》,卷三,页 16b。

目的和观点也因而转变，站在接纳胡、陈二人同为儒者的立场，研究的重点往往注重理学内部的发展，亦可不再辩论是禅非禅的问题，黄宗羲说："盖先生（胡居仁）近于狷，而白沙近于狂，不必以此而疑彼也。"即是一例。①

第五节　同门相契

上文借着胡居仁对陈献章的批评，讨论了二人思想的相异处。从修养论的角度上看，二人的差异可说主要在"敬"与"静"的区别。胡居仁一生得力于敬，作圣工夫无论动静均以敬为根本；陈献章则从静坐中悟道，讲求无意无必的静虚工夫。我们从底下二段文字更能见此相异处：

> 胡居仁："程子以必有事焉而勿正，心勿忘勿助长为敬，……此会得则私意不容，天理流行矣，故与鸢飞鱼跃，同活泼泼地。"②
>
> 陈献章："虚无里面昭昭应，影响前头步步迷，说到鸢飞鱼跃处，绝无人力有天机。"③

同样欲达到与天理共流行的境界，然而二人工夫的途径绝不相同。胡居仁以敬的工夫，欲去掉人欲私意、上会于天理，而达"与鸢飞鱼跃同活泼泼地"境界；陈献章则是要脱离人力声色的固迷，在虚无至静

① 黄宗羲，《明儒学案》，卷二，页 30。

② 胡居仁，《居业录》，卷一，页 41b。

③ 陈献章，《赠周成》，《陈白沙集》，卷五，页 76a。

中体会全然的天机。

若从二人对学问的判准来看其差异性，又可说胡居仁对成圣的判准是置诸往圣先贤的传统，以经书为代表，而其对经书的诠释，主要服膺程朱之说，故程朱的理论即是其学问判准的根据；陈献章则宣称舍弃一切外在的传统和理论，回到自我的本心，以本心为成圣的最后判准。这差异也表现在他们对传统儒学的看法，以及各自学风的表现。

虽然胡、陈二人之学存在着这许多昭著的差异，但是我们却也不可忽略二人同处一个时代、同一师门所表现的某种相契精神。胡、陈二人共同师事吴与弼，共同效法其师"绝意科举，慨然志于道"的作风，在一片功利学风中同样展现出异乎常人的作圣决心。底下我将先论吴与弼之学，再讨论胡居仁、陈献章学问中所焕发出的相契精神。

我们从《日录》一书，可见吴与弼作圣的工夫，是从"枕上思""夜思"的"静"中思绎而出的，[①]通过对心之克制涵融，及对天命之感知，而能契悟天道、享受于自然。例如：

> 枕上熟思出处进退，惟学圣贤为无弊，若夫穷通得丧，付之天命可也。然此心必半毫无愧，自处必尽其分寸，方可归之于天。[②]

> 读罢思债负难还，生理蹇涩，未免起计较之心，徐觉计较之

---

① "观农，因疮藉芳闲卧塍间，静极如无人世，今日虽未看书，然静中思绎事理，每有所得。"吴与弼，《日录》，收入《康斋集》，卷十一，页 8b。

② 吴与弼，《日录》，《康斋集》，卷十一，页 12b。

心起，则为学之志不能专一矣。平生经营，今日不过如此，况血气日衰一日，若再苟且因循，则学何可向上，此生将何堪，于是大书随分读书于壁以自警。穷通得丧、生死忧乐，一听于天，此心须淡然，一毫无动于中可也。①

早枕细思，学德无进，岁月忽晚，回首平生，恍然一梦，可胜悼哉。②

中夜思日月逝矣，事业无进，辗转不寐，以达于旦。③

夜坐思一身一家苟得平安，深以为幸，虽贫窭太甚，亦得随分耳。

夫子曰：不知命无以为君子也。④

枕上细思，从今须进步，不敢绝于天，穷通得丧，听乎天命，虽饿死沟壑，不可丧此德矣。⑤

学易稍有进，但恨精力减而岁月无多矣，只得随分用工，以毕余龄焉耳。⑥

由这些纪录，我们看见吴与弼从穷困患难中，思绎出"穷通得丧，可付度外"的豁达；凝练出"患难中好做工夫"的坚毅；⑦也涵蕴了"虽饿死沟壑，不可丧此德"的气节。他更能从此默识到心之安顿处即在能领

---

① 吴与弼，《日录》，《康斋集》，卷十一，页14a～b。
② 吴与弼，《日录》，《康斋集》，卷十一，页20a。
③ 吴与弼，《日录》，《康斋集》，卷十一，页23a。
④ 吴与弼，《日录》，《康斋集》，卷十一，页27a。
⑤ 吴与弼，《日录》，《康斋集》，卷十一，页30b。
⑥ 吴与弼，《日录》，《康斋集》，卷十一，页31b。
⑦ 吴与弼，《日录》，《康斋集》，卷十一，页26a～b。

会天命，故能有“眼前随分好光阴，谁道人生多不足”的真快乐。[1] 从这些文字，我们也看到吴与弼屡屡感叹多病侵凌、岁月无多，忧思自己学业不进、德业不立，但我们也同时看到他体念出“必尽其分”而“随分读书”“随分用工”的从容行止。他不以读书多、穷理博的成就为学之标的，而以“一日未死，一日要是当”这种死而后已的作圣精神，在万象生意的自然中竭尽本分，也享受人间至乐。[2]

不论将此心从患难中超拔而起，或从忧道中释然而出，都是因着他能体悟“天命”，能顺命而行、顺命而乐。而这种对天命之戚知，对自己之肯认，又完全着力于“心”的工夫，因此吴与弼之学主要在“心”上用功，此亦是刘宗周(1578～1645)所谓的“从五更枕上，汗流泪下得来”。[3] 虽然吴与弼好读书，也说：“应事后即须看书，不使此心顷刻走作。”[4]但基本上读书是为了涵养此心，借着圣贤嘉言善行来沃润己心，[5]故他常借着“默诵”“默思”来体验书中之理。[6]

吴与弼这种用功于心的工夫，也体现在胡居仁、陈献章学问中，可说正是二人同得于师门的相契精神。陈献章学问得力处在“静”、用功处在“心”自不必说，而胡居仁学问虽以贯动静的“敬”为主，但极重视静中的操存涵养，并以此为大本的工夫，且为第一序的本原工

---

① 吴与弼，《日录》，《康斋集》，卷十一，页 26b。

② 吴与弼，《日录》，《康斋集》，卷十一，页 41a。

③ 黄宗羲，《明儒学案》，页 3。

④ 吴与弼，《日录》，《康斋集》，卷十一，页 18a。

⑤ 吴与弼“寄身于从容无竞之境，游心于恬淡不挠之乡，日以圣贤嘉言善行沃润之，则庶几其有进乎”；“心是活物，涵养不熟，不免摇动，只常常安顿在书上，庶不为外物所胜”亦指以书来涵养心。吴与弼，《日录》，《康斋集》，卷十一，页 18a；26a。

⑥ 如“枕上默诵《中庸》”；“夜徐行田间，默诵《中庸》”；“枕上思晦庵文集及《中庸》”。吴与弼，《日录》，《康斋集》，卷十一，页 10b；22a。

夫。他说：

周子有主静之说，学者遂专意静坐，多流于禅。盖静者体，动者用；静者主，动者客，故曰：主静体立而用行也。亦是整理其心，不使纷乱躁妄，然后能制天下之动，但静意重于动，非偏于静也。愚谓静坐中有个戒谨恐惧，则本体已立，自不流于空寂，虽静何害。[①]

以静为主、动为客，要在静中整理其心，然后才能制天下之动，故言“静意重于动”，此明显强调静的工夫。故胡居仁所讥辩于陈献章的，不是静坐工夫的外表，而是静坐中是否有戒谨恐惧、有心有物的问题。胡居仁每每以“心有主”“静中有物”等说来辟禅，[②]也作为他自己静中工夫的说明。由页此我们当可体会黄宗羲所说：“（敬斋）以有主言静中之涵养，尤为学者津梁。然斯言也，即白沙所谓‘静中养出端倪，日用应酬，随吾所欲，如马之御衔勒也’，宜其同门冥契。”[③]虽然我们不可径谓胡居仁之“静中涵养”等同于陈献章“静中养出端倪”，但谓此中有着同承于吴与弼的相似特质，亦即注重以心体为主的涵养克制工夫，是极有见地的。

在读书的问题上，虽然吴与弼、胡居仁之重视读书，与陈献章之不重读书，有明显差异，但是吴、胡二人以书来沃润此心、涵养此心的

---

① 胡居仁，《居业录》，卷一，页 4b～5a。

② 如“静中有物，只是常有个操持主宰，无空寂昏塞之患”；“今世又有一等学问，言静中不可着个操字，若操时又不是静，以何思何虑为主，悉屏思虑以为静中工夫，只是如此，所以流于老佛，不知操字是持守之意，即静时敬也。若无个操字，是中无主，悠悠茫茫无所归”。胡居仁，《居业录》，卷一，页 1a，25a。

③ 黄宗羲，《明儒学案》，卷二，页 30。

态度，[1]正反映其用功于“心”上的为学方法，此又与陈献章无异。只是陈献章更担心读书使心劳扰，引人远离为学正确途径而无助于得道。另外，他们也都反对训诂、科举、文章之学：

> 胡居仁：“读书须以身体验，则书上道理方与自家凑泊，若默识而心通之，则书与我无间矣。若能忠信，则书在我矣。今人将书作文章，以资进取；作训诂，以资口语。宜其不相入也。”[2]
>
> 陈献章：“莫笑老慵无著述，真儒不是郑康成。”[3]

此也再次显明二人对身心笃行实践的共同重视。若从明初学界普遍表现不重博文而讲约礼的精神看来，[4]我们或许更能体会胡居仁、陈献章二人在昭然对立中，仍蕴含着某种共同的精神和价值。

《四库全书总目提要》曰：“与弼之学，实能兼采朱陆之长，而刻苦自立，其及门弟子陈献章得其静观涵养，遂开白沙之宗；胡居仁得其笃志力行，遂启余干之学。有明一代，两派递传，皆自与弼倡之，其端绪未可尽没。”[5]就着胡居仁、陈献章二人思想的内容与特质而言，学问已然分派，然而二人在笃践和静修上，却仍隐约焕发着一种同门密契的关系。

---

① 胡居仁屡言读书要体验，要做到身上来，要为己，要得义理来悦怿我心，明诸心等。参见胡居仁，《居业录》，卷一，页 17a，19a～20b，44a；卷二，页 19b，36a。

② 胡居仁，《居业录》，卷一，页 44a。

③ 黄宗羲，《明儒学案》，卷五，页 93。

④ 见第一章第二节。

⑤ 永瑢，《四库全书总目提要》，卷一七，页 53a。

第三章　胡居仁、陈献章在理学发展史中的定位

欲了解一个人的思想，除了探索其语言、文字、思想内容和生命风格外，他所生存的时代、社会学风，以及长期学术史的发展，常常能提供另一种视角。尤其论到思想定位的问题，更离不开在学术发展史中观照。本章主旨在讨论胡居仁、陈献章二人的学术特质与定位，主要置放于"从朱子理学到王阳明心学"的发展脉络中讨论。

我在第一章曾概括地说明南宋朱子以后到明初的理学传承，及主要学风的变化，希望透过长期学风转变来突显胡、陈二人所处的时代背景。本章则希望透过对朱子、王阳明二人思想形态的反省，提供进一步讨论胡居仁、陈献章二人学术特质的对照性观点，并希望透过思想的比较研究，突显胡、陈二人的学术特色，及其在学术史上的地位。因此本章的讨论涉及两个层次：一是透过交互比较朱熹、王阳明、胡居仁、陈献章的思想内容，来说明胡、陈二人学问的特色；二是在认识其学问特色的基础上，再次回到学术史的议题，试图讨论二人在学术史上的定位。

第一节　朱子与王阳明的思想形态

朱子、王阳明分别为理学和心学的代表人物，二人学说在许多方面都有显著的差异，甚至对立的看法。一般认为王阳明与陆象山相近，故有陆王心学之称，但若就思想发展的过程与内容而言，王阳明与朱子实有更密切的关系。[①] 王阳明从朱学人手，经过长期反思体悟所得出的良知学，在许多论题上都针对朱学而发，而且能够在思想内容上达到与朱学高度对话、创发新说的程度，也因而将学术发展带向新的纪元。以下将先概述朱子、王阳明二人思想，把握其思想形态的差异性。

一、朱子思想概述

朱子的思想是一内容丰富、结构谨严的庞大体系，此处对其思想作一概述，主要是欲指出其理气论、心性论、修养论之间紧密的关联性，讨论的重点将集中在如何成圣的“居敬穷理”上。因为朱子的理气论是其思想中最基本的论题，又是心性论、修养论建构的基础，且后代学者对于理、气关系也有不同的见解，[②]故我首先讨论朱子的理气观。朱子的理气观为何？他是以理一元论或理气二元论来建构其

---

① 唐君毅，《阳明学与朱子学》，中华学术院编，《阳明学论文集》(台北：中华学院印行，1972)，页47～56；陈荣捷，《从朱子晚年定论看阳明之于朱子》，《朱学论集》，页353～383；岛田虔次，《王阳明与王龙溪——主观唯心论的高潮》，收入冈田武彦等著，《日本学者论中国哲学史》，页388～404。

② 如冯友兰以理就逻辑而言在气之先，见其《中国思想史》(台北：太平洋图书公司，1956)，页906。侯外庐认为是气是理所产生，见氏著，《中国思想通史》(北京：人民出版社，1960)，页606。

存在论吗？朱子清楚地以“形上”“形下”来区分理、气两个概念，又以太极为理。虽然他也表示理气本无先后可言，但若推源而论，则又说当以理为先：

> 理未尝离乎气，然理形而上者，气形而下者。自形而上下言，岂无先后。①
>
> 或问：“必有是理，然后有是气，如何？”曰：“此本无先后之可言，然必欲推其所从来，则须说先有是理。然理又非别为一物，即存乎是气之中；无是气，则是理亦无挂搭处。气则为金木水火，理则为仁义礼智。”②
>
> 太极非是别为一物，即阴阳而在阴阳，即五行而在五行，即万物而在万物，只是一个理而已，因其极至，故名曰太极。③

由此可见，朱子以“理”作为存在论的最高原理，是比“气”高一层次的，故以存在之理序言，理是第一义，气为第二义。但是，朱子却不说理能直贯地生成万物，论及天地万物之生时，他都是以一气阴阳之运行、五行之质等“气”的概念为主。④ “气”在朱子思想中不仅具有质料

---

① 黎靖德编，《朱子语类》，卷一，页 3。

② 黎靖德编，《朱子语类》，卷一，页 3。

③ 黎靖德编，《朱子语类》，卷九四，页 2371。

④ 朱子：“天地初间只是阴阳之气。这一气运行，磨来磨去，磨得急了，便拶许多渣滓；里面无处出，便结成个地在中央。气之清者，便为天，为日月，为星辰，只在外，常周环运转。地便只在中央不动，不是在下。”又说：“阴阳是气，五行是质，有这质，所以做物得事出来。五行虽是质，他又有五行之气，做这物事方得，然却是阴阳二气截做这五个，不是阴阳之外别有五行”；“阴阳气也，生此五行之质，天地生物，五行独先，地即是土，土便包含许多金木之类。天地之间，何事而非五行？五行阴阳，七者滚合，便是生物底材料。”见黎靖德编，《朱子语类》，卷一，页 6；页 9；卷九四，页 2367～2368。亦参见，安田二郎《朱子の“气”汇就ぁ了——主として存在论的侧面からの解明》，氏著《中国近世思想研究》，页 1～61。

义,且具有形式,更具有动力;由“气”所构成的万物世界,更不是相对于理的世界而为虚幻的现象。① 而且,理本身并不具有形质和动力,须靠气的存在方有挂搭处,②故朱子说理不会造作,酝酿生物之过程乃气之运行凝散所致:

> 而今知得他合下是先有理,后有气邪;后有理,先有气邪?皆不可得而推究。然以意度之,则疑此气是依傍这理行。及此气之聚,则理亦在焉。盖气则能凝结造作,理却无情意,无计度,无造作。只此气凝聚处,理便在其中。且如天地间人物草木禽兽,其生也,莫不有种,定不会无种子白地生出一个物事,这个都是气。若理,则只是个净洁空阔底世界,无形迹,他却不会造作;气则能酝酿凝聚生物也。但有此气,则理便在其中。③

因此,虽然朱子以“理先于气”的理一元论来建构其存在论,然而每一真实的存在物,却都是理与气共同创生的结果,理无法单独创生万物,所以理只是在逻辑的理序上先于物,在实然的存在上二者无先后可言,也是不可相离的。④ 因此我们若从“存在”的角度来看朱子的存

---

① 有人将朱子的理气类比于亚理士多德的形式义与质料义,或将朱子之理类比于柏拉图之理型,但这样的类比都不恰当。详细讨论,见安田二郎,《朱子の“气”に就ぁ了——主として存在论的侧面からの解明》;劳思光,《中国哲学史》(台北:三民书局,1985),三上,页286。

② 朱子:“此本无先后之可言。然必欲推其所从来,则须说先有是理。然理又非别为一物,即存在是气之中;无是气,则是理亦无挂搭处。气则为金木水火,理则为仁义礼智。”黎靖德编,《朱子语类》,卷一,页3。

③ 黎靖德编,《朱子语类》,卷一,页3。

④ 陈来指出,朱子理气观乃经过一段发展历程才形成,中间曾有“理生气”实际创生、具时间上先后关系的说法,但后来又改变为只在逻辑上言先后。此处所论是以朱子后期的看法为主。陈来,《朱熹哲学研究》(北京:中国社会科学出版社,1987),页3～29。

在论，则是理气二元所建构的。[①] 朱子说：

> 所谓理与气，此决是二物，但在物上看，则是二物浑沦，不可分开各在一处，然不害二物之各为一物也。若在理上看，则虽未有物，而已有物之理，然亦但有其理而已，未尝实有是物也。[②]

理、气在概念上可以区分，但就实然存在物言，又始终相即，不可区分。以本原义言，可说理先于气存在，但是此理无计度、无造作，故无法创造生物。这种以最高存在原理言是理一元论，以实然存在言又是理气二元论的看法，即是朱子特殊的理气观。

我们所生存的自然与人伦世界，做为一真实的存有而言，都是理气互相建构的，当"理"能完全指导"气"时，则是一应然的理想境界，但实然的情况经常是，气未能完全接受理的指导、未能臻于至善的景况。然而气为何需要受理之指导？人为何要从实然朝向应然而努力？此正是朱子"理"作为存在论最高原理的精神，也是学说的基本预设。理赋予气"意义"（包括法则），故天道、天命、性善之旨也都以"理"阐发，[③]由此亦显明其"理一元论"的最终道德价值取向。

朱子的心性论与理气论具同一间架。人之生，禀天地之理为本性，禀天地之气为形体，故相应于理一元论的存在原理，性善、性即理、天命之性是朱子性学说中最根本的命题；而相应于理气二元的实

---

① 安田二郎："朱子的存在论，当其重点置于意味时，是理一元论；当其重点置于存在时，即理气二元论。"安田二郎，《朱子の存在论に于ける"理"の性质についこ》，《中国近世思想研究》，页 63～102。

② 钱穆，《朱子新学案》（台北：三民书局，1971），第一册，页 247～248。

③ 蜚卿问："'纯亦不已'，是理是气？"曰："是理。'天命之谓性'，亦是理。天命，如君之命令；性，如受职于君；气，如有能守职者，有不能守职者。"朱子："性即理也，当然之理，无有不善。故孟子之言性，指性之本而言。"黎靖德编，《朱子语类》，卷四，页 63，67。

然存在，人之生必受气禀影响，故有气质之性。[①] 从存在的理序言，天命之性比气质之性高一层次，故言性即天理；从实然的存在言，人必有恶之所从来的气质之性，故面对成圣问题，此即是克制的对象。朱子论到心时，以为心之本体本无不善，[②]但只此一个心，却又有人心、道心之别，究其因仍在人禀理气而存在的事实。

> 心之虚灵知觉，一而已矣。而以为有人心、道心之异者，则以其或生于形气之私，或原于性命之正，而所以为知觉者不同，是以或危殆而不安，或微妙而难见耳。然人莫不有是形，故虽上智不能无人心；人莫不有是性，故虽下愚不能无道心。[③]

从本原义而言，心体是本无不善，完全与理合一的；从人实然的存在言，理气互相建构，故有道心、人心的区别。道心、人心正是存在状态应然和实然的表征。气应当完全受理之指道，人心亦应当受道心之节制，[④]故云：

---

① 蜚卿问气质之性。曰："天命之性，非气质则无所寓。然人之气禀有清浊偏正之殊，故天命之正，亦有浅深厚薄之异，要亦不可不谓之性。旧见病翁云：'伊川言气质之性，正犹佛书所谓水中盐味，色裹胶清。'"又问："孟言性，与伊川如何？"曰："不同。孟子是剔出而言性之本，伊川是兼气质而言，要之不可离也，所以程子云：'论性不论气，不备；论气不论性，不明。'而某于太极解亦云：'所谓太极者，不离乎阴阳而为言，亦不杂乎阴阳而为言。'"黎靖德编，《朱子语类》，卷四，页67。其他参阅《语类》同卷。

② 朱子："心之本体本无不善，其流为不善者，情之迁于物而然也。"黎靖德编，《朱子语类》，卷五，页92。

③ 朱熹，《中庸章句序》，《四书集注》（台北：艺文印书馆，1980），页1a～b。

④ 朱子有时候也以"从人心变为道心"来表达理想境界，如"以道心为主，则人心亦化为道心矣"；"盖尧舜禹授受之际，所以谓人心私欲者，非若众人所谓私欲者也，但微有一毫把捉底意思，则虽云本是道心之发，然终未离人心之境，所以动以人则有妄。颜子之有不善，正是此间者是也，既曰有妄，则非私欲而何，须是都无此意思，自然从容中道，才方纯是道心"。朱熹，《答黄子耕九》《答张敬夫》，《晦庵先生朱文公文集》（上海：上海书店，1989），卷五一，页29a；卷三二，页8a～b。

> 必使道心常为一身之主，而人心每听命焉，则危者安，微者著，而动静云为，自无过不及之差矣。[①]

朱子的心性论与理气论之间如此紧密的配合，即可见其思想所含括的广度，以及由宇宙论下贯讲心性论的思想特点。[②]

既然朱子理解实然存在，都是以理气互相建构，人之性必有气质影响，人心必受情欲作用。因此，成圣并非欲脱离气的作用，而是让气完全受理的指导，故作为解答如何成圣的修养论，朱子也是以人生实然景况为出发点，而以应然的理想境界为目标。可以说修养论即是联系着两个世界（实然、应然），能使之转化的桥梁。而朱子的修养论，主要在讲求“居敬穷理”的工夫，他说：

> 学者工夫，唯在居敬、穷理二事。此二事互相发。能穷理，则居敬工夫日益进；能居敬，则穷理工夫日益密。譬如人之两足，左足行，则右足止；右足行，则左足止。又如一物悬空中，右抑则左昂，左抑则右昂，其实只是一事。[③]

此处居敬、穷理是被视为两种工夫。大体而言，居敬指内在心的涵养；穷理指外在理之获得。但精细而论，又不可截然以内外分之，因为就人之一身言，是可以有内外之别，工夫也可分内外，但若以理而言，则无内外之别。而居敬涵养心中所具之理，格物穷究事物之理，究其根本，这些理均以天道为根源，故不可分为二，故在工夫上也不

---

① 朱熹，《中庸章句序》，《四书集注》，页 1b～2a。

② 钱穆：“朱子之论心性，亦犹其论理气。其论性，上承伊川性即理也一语，自宇宙论落实到人文界。”钱穆，《朱子新学案》，页 441。

③ 黎靖德编，《朱子语类》，卷九，页 150。

能完全以内外区别。

举例而言，朱子以“左足行，则右足止；右足行，则左足止”的行动来譬喻居敬、穷理二事，是将之视为可区分的两个工夫，然而这两个工夫在成圣过程中必须交相运用。居敬、穷理二者均以成圣为目标，居敬工夫重在心体的涵养，使气清理明；穷理工夫重在格万物之理，以期达豁然贯通。但若以成圣的整个历程而言，又非单靠居敬或穷理可以达致，这也可视为朱子“知行并进”的一层含意。

但是，朱子又说“能穷理，则居敬工夫日益进；能居敬，则穷理工夫日益密”；“主敬、穷理虽二端，其实一本”；“持敬是穷理之本，穷得理明，又是养心之助”。[①] 居敬、穷理又非可截然区分为二种工夫，二者虽各有所重，却互为其根。居敬涵养使心能发挥知理的功能，故言“持敬是穷理之本”；而格物穷得之理，不仅能成为涵养心体的具体内容，更有增益知理能力的作用，故言“涵养中自有穷理工夫，穷其所养之理；穷理中自有涵养工夫，养其所穷之理，两项都不相离。才见成两处，便不得”。[②] 故二者互为其根的交相发用，不仅具有反复扩增的能力，使人知理的能力增强，也使涵养的内容愈实。据此，“知行并进”意指互相依存、互相建构的密切关系，故言：“圣贤说知，便说行。《大学》说‘如切如磋，道学也’，便说‘如琢如磨，自修也’；《中庸》说‘学、问、思、辨’，便说‘笃行’；颜子说‘博我以文’，谓致知、格物；‘约

---

① 黎靖德编，《朱子语类》，卷九，页 150。

② 问：“程子云：‘未有致知而不在敬者’，盖敬则胸次虚明，然后能格物而判其是非。”曰：“虽是如此，然亦须格物，不使一毫私欲得以为之蔽，然后胸次方得虚明。只一个持敬，也易得做病。若只持敬，不时时提撕着，亦易以昏困。须是提撕，才见有私欲底意思，便屏去。且谨守着，到得复来，又屏去。时时提撕，私意自当去也。”黎靖德编，《朱子语类》，卷九，页 149～150；卷十八，页 402。

我以礼'，谓'克己复礼'。"[①]

朱子有时会说"知先于行""致知先于涵养"，如：

> 问致知涵养先后。曰："须先致知而后涵养。"问："伊川言：'未有致知而不在敬'，如何？"曰："此是大纲说。要穷理，须是着意。不着意，如何会理会得分晓。"[②]

这是就着道德行为之完成需要正确的道德内容引导而说的。又如：

> 万事皆在穷理后。经不正，理不明，看如何地持守，也只是空。[③]

论到穷理之前，朱子也肯定须要"着意"，即穷理的行为必须是发自于内心的立志，[④]故曰"能存心，而后可以穷理"，"不能存得心，不能穷得理"。[⑤]"存心"更是"我欲仁，斯仁至矣""为仁由己，而由人乎哉"、不待学而能的工夫。由此我们可知，何以朱子以"敬"为穷理之本，心的主体性在朱子思想里是不容被轻易抹杀的。

不过，朱子的修养论并不以居敬涵养心体为开展的重心，而是以格物穷理作为修养论的首要工夫。这与朱子重视受气质之蔽的心性实然，以及他思想中一种贯通主客、统合物理与伦理（真理与道德）的

---

① 黎靖德编，《朱子语类》，卷九，页148。
② 黎靖德编，《朱子语类》，卷九，页152。
③ 黎靖德编，《朱子语类》，卷九，页152。
④ 问："立诚意以格之"，曰："此'诚'字说较浅，未说到深处，只是确定其志，朴实去做工夫，如胡氏'立志以定其本'，便是此意。"黎靖德编，《朱子语类》，卷十八，页401。
⑤ 黎靖德编，《朱子语类》，卷九，页150。

看法有密切关系。[①] 因着人实然心性中具有气质障蔽，故无法本然地发而皆中理，又因着人不可能完全脱离外物而存在，心虽具有主宰一身之力量，然心亦是处在“感物而动”的受动状态中，故要在这真实人生中，从气禀私意里一步步超然、净化，而达致“本心即理”的理想境界，是不可能脱离与外物之互动而达致的。作为人最高典范的“圣人境界”，不仅是内在道德主体之充分发挥，更是与外在天地万物的和谐共处；不只是充分发挥其心之主宰力来克制外物，更是要在天地之中感物受动而全然中节。因此，朱子不在向内涵养心体上开展他的修养论，而以“格物穷理”这心与外物交互的关系中，来建构其成圣之途。

而“格物穷理”这包含知识性的工夫，之所以能够成为朱子道德修养论的首要工夫，乃因朱子思想中，“理”正是统合着人与物、主与客、伦理与物理的共同概念。知识和道德是不可割裂的范畴，主观与客观也是互相影响的。正如价值的问题是不可能割裂主客而论的，[②] 朱子那具有道德价值取向的“理”也是一统合着主客的概念。在他这种道德观念下，成圣的工夫以“居敬穷理”为主，其中更以连接物我内外的“格物穷理”为首务工夫。

二、王阳明思想概述

王阳明的学问历经长期摸索始得入圣之门，从泛滥于词章、出入

---

① 朱子看重受气质之蔽的心性之实然，不以为人自然就能把握天理，故其学重由博而返约；又因其思想中“理”不仅是自然宇宙构成之理，亦是人伦事理之根源，故真理和道德对朱子而言是合一的，也因此向外的格物与向内的涵养，在终极意义上是不可分割的。

② 参考 Risier Frondizi 著，黄藿译，《价值是什么》（台北：联经出版公司，1986），第五章第三节。

佛老，到至居夷处困、忽悟格物致知之旨，才得入圣之门。对此，湛若水有“五溺”之说。[①] 三十七岁前的王阳明，可说是以其异人之天赋、狂沛之生命力，立志学圣贤做第一等人的志向，长期摸索学习。当时的功利学风、朱子后学的徇外穷理、佛道的超脱养生，以及他本身豪迈颖慧的天资和抱负，都使得这一漫长求索的过程既丰富又异常迂曲，其间更经历了官场的诡变风险、人生的生死关头，最后在龙场一悟，学问之道始立。这一阶段虽然迂曲漫长，对王阳明学问之磨练却有重要的意义。[②]

三十七岁那年，王阳明于贵州龙场大悟“格物致知”之旨，而始知“圣人之道，吾性自足，向之求理于事物者误也”。[③] 此一悟不仅奠立其学之“大头脑”处，也终于彻反于朱子“求理于事物”之格物途径。自此以后，王阳明虽陆续有“格物致知”“知行合一”“致良知”等新说，[④]钱德洪和黄宗羲也说后来其教法尚有三变，[⑤]但新说与教法之变只能视为王阳明一生学问不断精进的展现，[⑥]而不是学问宗旨的变

---

① 湛若水：“初溺于任侠之习，再溺于骑射之习，三溺于辞章之习，四溺于神仙之习，五溺于佛氏之习，正德丙寅始归正于圣贤之学。”湛若水，《阳明先生墓志铭》，《世德纪》卷一，收入《王阳明全书》第四册，页 224。

② 参看古清美，《王阳明致良知说的诠释》，《明代理学论文集》(台北：大安出版社，1990)，页 89～139。

③ 参见《王阳明年谱》卷一，收入《王阳明全书》第四册，页 84。

④ 龙场一悟之后至四十九岁间，又陆续提出格物致知、知行合一的理论，至四十九岁那年始倡致良知说，而为学说之最高。参阅《王阳明年谱》卷一，《王阳明全书》第四册，页 84～125。

⑤ 据钱德洪所说，王阳明之教有三变，居贵州时倡知行合一之说，滁阳后多教静坐，江右以后专提致良知。钱德洪，《刻文录叙说》，收入《王阳明全书》第一册，页 10。另外，黄宗羲以为其学三变，初以默坐澄心为学，江右后专提致良知，居越以后，所操益熟，所得益化，开口即得本心。见黄宗羲，《明儒学案》，卷十，页 181。

⑥ 秦家懿，《王阳明》(台北：东大图书公司，1987)，页 43～48。

化。因为，后面诸说均以“圣人之道，吾性自足”的“心即理”为核心而开展，故学问精炼程度固有不同，思想的一致性却没有改变。王阳明于宸濠之乱后才提出“致良知”学说，又形容此是自己“从百死千难中得来”，[①]不过他也说明“致良知”宗旨与早先龙场悟道间的关系：

> 吾良知二字，自龙场以后，便已不出此意。只是点此二字不出。于学者言，费却多少辞说。今幸见出此意，一语之下，洞见全体，真是痛快。[②]

而钱德洪所说的教法三变（即贵州时倡知行合一、滁阳后多教静坐、江右以后专提致良知）中的静坐之法，应该略做说明。王阳明虽认为静坐可以在事物纷拏之际有“补小学收放心一段工夫”之效，[③]但也深体喜静厌动、求光影、说效验之弊，[④]故在王阳明的修养论中，静坐不是必要部分，只能看为权宜之法。王阳明：“是徒知静养，而不用克己工夫也，如此临事便要倾倒。人须在事上磨，方立得住，方能静亦定、动亦定。”[⑤]故他是以贯通内外动静的“事上磨练”，即“致吾心之良知于事事物物”的“致良知”为其更积极有本的修养工夫。

---

① 王阳明：“某于此良知之说，从百死千难中得来；不得已与人一口说尽。只恐学者得之容易，把作一种光景玩弄，不实落用功负此知耳。”此言系在辛巳年（1521），当时王阳明五十岁，在江西。见《王阳明年谱》卷一，《王阳明全书》第四册，页 125。

② 钱德洪，《刻文录序说》，收入《王阳明全书》第一册，页 11。

③ 王阳明：“前在寺中所云静坐事，非欲坐禅入定。盖因吾辈平日为事物纷拏，未知为己，欲以此补小学收放心一段功夫耳。”王阳明，《与辰中诸生》，《王阳明全书》第二册，页 1。

④ 王阳明“静时念念去人欲，存天理；动时念念去人欲，存天理。不管宁静不宁静。若靠那宁静，不惟渐有喜静厌动之弊”；“吾辈今日用功，只是要为善之心真切……若只管求光景，说效验，却是助长外驰病痛，不是工夫”。王阳明，《传习录》上，《王阳明全书》第一册，页 11～12；页 22。

⑤ 王阳明，《传习录》上，《王阳明全书》第一册，页 10～11。

"心即理"是王阳明学说最核心的思想,其"格物致知""知行合一""致良知"说都是据此而发的。王阳明相信人之心体具有道德内涵、充分的主体性和全备的天理,他称其为良知。论到良知,他说:

> 心之虚灵明觉,即所谓本然之良知也。[①]
>
> 良知只是个是非之心,是非只是个好恶。只好恶就尽了是非,只是非就尽了万事万变。[②]
>
> 夫良知之于节目时变,犹规矩尺度之于方圆长短也。节目时变之不可预定,犹方图长短之不可胜穷也。……良知诚致,则不可欺以节目时变。而天下之节目时变不可胜应矣。毫厘千里之谬,不于吾心良知一念之微而察之,亦将何所用其学乎?[③]

这"良知"就是人能判断是非、适应万变、成就道德的最重要关键。王阳明虽然承认人心会受私欲之蔽,但先天"良知"发用的自然效验却是无法被掩盖的,这点是王阳明充分发挥道德主体性的关键,也是其大异于朱子之处。[④]

> 则凡所谓善恶之机,真妄之辨者,舍吾心之良知,亦将何所致其体察乎?吾子所谓气拘物蔽者,拘此蔽此而已。今欲去此之蔽,不知致力于此,而欲以外求。是犹目之不明者,不务服药调理以治其目,而徒侬侬然求明于其外。[⑤]

---

① 王阳明,《答顾东桥书》,陈荣捷,《王阳明传习录详注集评》(台北:学生书局,1983),页176。

② 黄宗羲,《明儒学案》,卷十,页215。

③ 王阳明,《答顾东桥书》,陈荣捷,《王阳明传习录详注集评》,页182。

④ 朱子不以为人心能完全正确地掌握理,只有因已知之理而益穷之,方能达真知的地步。

⑤ 王阳明,《答顾东桥书》,陈荣捷,《王阳明传习录详注集评》,页174。

知是心之本体，心自然会知。见父自然知孝，见兄自然知弟，见孺子入井自然知恻隐，此便是良知，不假外求。①

尔那一点良知，是尔自家底准则。尔意念着处，他是便知是，非便知非，更瞒他一些不得。②

因此，对王阳明而言，入德成圣的关键并非在于人能否知道是非善恶之别，因他确信人拥有真知的能力，真正关键则在乎人能否充分让良知发用于事事物物之间，完全顺从良知而行。他说：

良知良能，愚夫愚妇与圣人同。但惟圣人能致其良知，而愚夫愚妇不能致。此圣愚之所由分也。③

知如何而为温凊之节，知如何而为奉养之宜者，所谓知也，而未可谓之致知。必致其知如何为温凊之节者之知，而实以之温凊。致其知如何为奉养之宜者之知，而实以之奉养，然后谓之致知。④

将先天本具的良知推致到事事物物上，即是王阳明所说的"致良知"，这是阳明学所谓简易的成圣之道。⑤

另外，王阳明"格物致知""知行合一"说也主要由"心即理"而发，

---

① 王阳明，《传习录》上，《王阳明全书》第一册，页5。

② 王阳明，《传习录》下，《王阳明全书》第一册，页77。

③ 王阳明，《答顾东桥书》，陈荣捷，《王阳明传习录详注集评》，页181。

④ 王阳明，《答顾东桥书》，陈荣捷，《王阳明传习录详注集评》，页180。

⑤ 唐君毅："阳明之提出致良知之教，原视此为至简易真切之为学之道，亦愚夫愚妇五尺童子，皆行得之教，故甘泉尝以为太易。……盖阳明将天下为学之道，收归于致良知三字上至简，则天下为学之道之至繁难者，亦随之而辐辏于此至简易者，而使此简易者，亦化为人繁难也。"见唐君毅，《中国哲学原论·原教篇》（台北：学生书局，1984），页374。

亦可说是统摄在“致良知”学说中。心既是一纯然的道德主体，天理又完全内在于心，王阳明理解“格物”工夫为“以吾心天理去正事之善恶”，[①]并以朱子穷物之理为外。也因此，对王阳明而言，“致知”不是为达致已内具于人心之知，而是被理解为具高度行动意味的“推致吾心之良知于事事物物”。他说：

> 若鄙人所谓致知格物者，致吾心之良知于事事物物也。吾心之良知，即所谓天理也。致吾良知之天理于事事物物，则事事物物皆得其理矣。致吾心之良知者，致知也。事事物物皆得其理者，格物也。是合心与理而为一者也。[②]

由此也可见，王阳明“致良知”学说实统摄其“格物致知”说。再者，心既与理为一，涵养与穷理则必是一事，[③]知行也必须落在同一心体上说方为究竟，且方能带动道德行为之完成。故言：

> 心一而已。以其全体恻怛而言，谓之仁。以其得宜而言，谓之义。以其条理而言，谓之理。不可外心以求仁，不可外心以求义。独可外心以求理乎？外心以求理，此知行之所以二也。求

---

① 王阳明：“先儒解格物为格天下之物。天下之物，如何格得？且谓一草一木亦皆有理，今如何去格？纵格得草木来，如何反来能诚得自家意？我解格作正字义，物作事字义。……致知在实事上格，如意在于为善，便就这件事上去为；意在于去恶，便就这件事上去不为。去恶固是格不正以归于正，为善，则不善正了，亦是格不正以归于正也。”王阳明，《传习录》下，《王阳明全书》第一册，页 99。

② 王阳明，《答顾东桥书》，陈荣捷，《王阳明传习录详注集评》，页 172。

③ “所以居敬亦即是穷理。就穷理专一处说，便谓之居敬，就居敬精密处说，便谓之穷理。却不是居敬了，别有个心穷理，穷理时，别有个心居敬。名虽不同，功夫只是一事。”王阳明，《传习录》上，《王阳明全书》第一册，页 28。

理于吾心，此圣门知行合一之教。[①]

可见王阳明“知行合一”说，实本诸“心即理”，而所谓“知”即是道德本心的良知，并非指学问思辨的经验知识，且是作为道德如何可能之先天根据。而“行”则指道德行为，道德意愿与行动均须由内心而发，故二者均落在同一心的主体上说，[②]所以王阳明不只是在效验上讲知行合一，更在根源上讲“知行本体”：

知之真切笃实处，即是行，行之明觉精察处，即是知。知行工夫，本不可离。只为后世学者分作两截用功，失却知行本体，故有合一并进之说。[③]

良知天理属德性之知而不关乎闻见，而王阳明的思想也主要关注道德修养，故只有德性之知才是成圣的关键，其学说也主要阐发此内在良知。尽管如此，闻见之知仍被其收摄于良知之中，具有一种体用和主次的关系：

良知不由见闻而有，而见闻莫非良知之用。故良知不滞于见闻，而亦不离于见闻。[④]

格物是诚意的工夫，明善是诚身的工夫，穷理是尽性的工

---

① 王阳明，《答顾东桥书》，陈荣捷，《王阳明传习录详注集评》，页 167。

② 牟宗三：“惟致良知中之知行合一，始真可以扭转朱子而大不同于朱子，而亦另开辟一境界矣。盖此知为良知之知，为良知之知而且决定指导吾人行为之是非善恶之当然之理，故良知之知之而决定之也，行亦随之，行即含在中矣。此知行本不能分说。”见牟宗三，《王阳明知行合一与致知疑难》，《中国哲学思想论集·宋明篇》（台北：牧童出版社，1977），页 265～292。

③ 王阳明，《答顾东桥书》，陈荣捷，《王阳明传习录详注集评》，页 166。

④ 王阳明，《答欧阳崇一》，《传习录》中，《王阳明全书》第一册，页 58。

> 夫，道问学是尊德性的工夫，博文是约礼的工夫，惟精是惟一的工夫。[1]

从“道问学是尊德性的工夫，博文是约礼的工夫”看，为学的主次关系已很清楚。至于为学之途径，我们可以看王阳明如何论一贯工夫：

> 一如树之根本，贯如树之枝叶，未种根，何枝叶之可得？体用一源，体未立，用安从生！谓“曾子于其用处盖已随事精察而力行之，但未知其体之一”，此恐未尽。[2]

如同树木的生长，没有根则无枝叶可得，根本已立，则枝叶生长又是自然之事。对王阳明而言，良知即是成德的根本，人不能把握自己的良知，即是无本之学，而欲以无本之学而达日用间随事精察力行，是绝不可能的。相反的，若能把握良知本体，则日用间所有行事只是依此良知而行，成圣也是自然的。此以良知为起手、以体现良知为终点的成圣之道，就是王阳明“致良知”的修养论。此不仅是王阳明学问最精微之处，也是他由朱学入手，经过长期困厄、反思、体悟、精进，自得创发的新说，也是明代心学的精华。

三、朱子、王阳明思想形态的比较

我们可简要整理朱子和王阳明二人的思想如下：朱子的思想是一套理气论、心性论、修养论关系紧密的体系，朱子对实然存在的理气二元观点，影响其心性论的内容，他又看重人心性受气质之蔽的实

---

① 徐爱，《传习录跋》，陈荣捷，《王阳明传习录详注集评》，页 54。

② 王阳明，《传习录》上，《王阳明全书》第一册，页 27。

然景况，注重人与物、主与客互动的关系，且以“理”作为外在事物与人性禀赋之共同根据，统合着自然物理与道德伦理，故其学问虽以尊德性为主，却必然地包含着道问学的过程。其修养工夫以“居敬穷理”为主，但在为学次第上又以“格物穷理”为首务工夫，主要是欲从实然的状况起首，通过居敬穷理的积累工夫，以期达致“物之表里精粗无不到，而吾心之全体大用无不明矣”之境。[①] 相对于朱子，王阳明的思想则不以理气论为建构的核心，而主要在发挥人心内在的道德主体，即“良知”。外在事物主要也落在道德意义下来观照，故言：“心外无物、心外无事、心外无理、心外无义、心外无善。”[②]而此道德心体（良知）正是天道性命之贯注、性善之本旨，其至善之本性无法被掩蔽，更具有趋动人行善的动力。故王阳明的工夫论，即以把握良知为起首，通过在事上磨练的推致实践，使良知真诚体现，可以说是一“本于良知，以致于良知”的工夫历程。对于朱熹、王阳明二人思想型态之比较，安田二郎曾说道：

> 总之，朱子和阳明都具有同一的体验。朱于是立脚于获得这个体验的过程而形成了他的理论，而阳明则是从体验本身出发而形成了他的理论。他们一个是“自下而上”的理论，一个是“自上而下”的理论。[③]

① 朱子，《大学格物补传》，收入《四书集注》，页 6b。

② “夫在物为理，处物为义，在性为善。因所指而异其名，实皆吾之心也。心外无物，心外无事，心外无理，心外无义，心外无善。”王阳明，《与王纯甫书》二，《王阳明全书》第二册，页 9。

③ 引自岛田虔次《王阳明与王龙溪——主观唯心论的高潮》一文中的注 2，收在《日本学者论中国哲学史》，页 388～404。

所谓朱子和王阳明都具有同一的体验，当指二人学问所构想的终极境界(圣人境界)是相同的。而朱子的学说以着眼于如何达此境界为主，故重居敬穷理的工夫，希望通过在事事物物上穷格的累积，达到心与理一之境，故是“自下而上”的理论形态。王阳明则以直接体证本具天理的良知为工夫之起点，再致此良知于事事物物上磨练验证，故是“自上而下”的理论形态。同样的问题，我们从二人论一贯工夫的差异，可以看得更清楚。[①] 如前所论王阳明的一贯说，是以树木的生长为喻：“一如树之根本，贯如树之枝叶，未种根，何枝叶之可得？体用一源，体未立，用安从生。”亦即以把握良知为立大本之工夫，由此而下，一切工夫均能自然地开展。相对地，朱子是以索贯散钱的比喻来说“一贯”：

> 贯，如散钱；一，是索子。曾子尽晓得许多散钱，只是无这索子，夫子便把这索子与他。今人钱也不识是甚么钱，有几个孔。良久，曰：“公没一文钱，只有一条索子。”又曰：“不愁不理会得‘一’，只愁不理会得‘贯’。理会‘贯’不得便言‘一’时，天资高者流为佛老，低者只成一团鹘突物事在这里。”[②]

没有钱、不知如何贯，空有一条绳索是毫无用处的，亦即没有通过格物穷理等积累博厚的工夫，而欲直接体悟本性，是带有空幻的危险。故朱子强调“由博归一”，不同于阳明“由一致博”的看法，这种差异亦即安田二郎所谓的“自下而上”和“自上而下”的差异。这两个比喻，

---

① 参阅 Edward T. Ch'ien, *Chiao Hung and the Restructuring of Neo-Confucianism in the Late Ming*. New York：Columbia University Press，1986，pp. 254～255.

② 黎靖德编，《朱子语类》，卷二七，页 673～674。

不仅恰切地反映着朱子、阳明二人学说的差异，也清楚显明王阳明思想所具的生命动力，[①]和朱子学说注重主客全面的周详。

第二节　胡居仁与朱子之学

《明史》称胡居仁“笃践履，谨绳墨，守儒之正传，无敢改错”，[②]是一固守程朱矩矱的学者。我们从胡居仁的著作《居业录》和《胡文敬集》的文字看来，有相当多的部分都直接引用“程子曰”（主要指伊川）、[③]“朱子曰”来申论，特别是发挥其中心思想“主敬”的部分，[④]引用得更多。可以说其思想的原创性并不高，其承继程朱的部分也相当明显。而从理气论、心性论到主敬穷理并提的修养论等重要思想，

---

① 岛田虔次以为阳明学的特色之一即是“动”的性质，即良知和万物一体之仁结合，在根源上获得了“生生”的性质，故整体学说充满性命生机的高度动力。主张“变动周流”，不“屑屑于典要”。牟宗三也说：“良知明觉本身即是私欲气质等之大克星，其本身就有一种不容已地要涌现出来的力量。此即王阳明所以言知合一之故。”岛田虔次，《王阳明与王龙溪——主观唯心论的高潮》；牟宗三，《从陆象山到刘蕺山》（台北：学生书局，1984），页 230。

② 张廷玉，《明史》，卷二八二，页 7222。

③ 《居业录》中所引“程子曰”并没有特意区分程颢与程颐，虽然许多地方是指程颐，但却也有指程颢之处，如“程子曰：以敬直内便不直”；“程子说：鸡雏可以观仁，切脉可以观仁，是无时不体验”；“程子天资高，其于义理不用甚穷索，只优游涵永以得之，虽曰反求诸六经，然亦不甚费力，自孔颜以下所造精粹，未有及之者”。以上均为程颢之言。参见胡居仁《居业录》，卷四，页 15a，54a；卷一，页 42a。这些引文分别在《河南程氏遗书》卷三、十一。不过，胡居仁大部分引“程子曰”以说明主敬心有主的思想（六十六条中有四十条在申论主敬），且其中大多出自伊川的语录。

④ 《居业录》中胡居仁引“程子曰”和“朱子曰”的次数，分别是六十六与三十一，这尚不包括对二人学问之评断或论及政治、天象的部分，而引文大部分都在申论主敬的思想。

胡居仁也几乎全然承继自朱子。[①] 再看他对程朱圣学之评价：

> 此道程朱出来，发明已尽，开示工夫甚亲切，如何今人甘于自弃，不自弃者又差却工夫，故此道寥寥。[②]

对胡居仁而言，程朱之学于成圣途径既已充分发明，故生于程朱之后的儒者，学问之重点即在作圣的实践工夫上，而非义理之探究。由此我们可说，《明史》对胡居仁的评价是很正确的。

但是第一章已论及，明初的朱学学者已具有相当浓郁的心学色彩，他们多强调躬亲实践，对“心体”相当重视，这又是明代心学萌芽不可忽视的因素，处于此时代的胡居仁也不例外。第二章我也论到胡居仁的修养论，以主敬为第一序工夫，穷理为第二序工夫，此于朱子以格物穷理为首务的修养论实有不同，陈荣捷先生便说：“居仁主要学旨之在心，以及存养之倚重于敬，已确切远离正统程朱之所守。”[③]故此处我想探讨，在何种意义上我们可以连接这两种观念，亦即讨论胡居仁对朱子思想之继承与转化。

除了承继朱子思想，胡居仁对程颢（明道）的思想也很推崇，甚至称其为“孔子以下第一人”。[④] 特别值得注意的是，对于明道与朱子这

---

① 胡居仁思想主要承继朱子，其理气论、心性论、修养论的观念几乎全部承袭朱子之说。理气论已于第二章第二节中讨论，此不再赘述。心性论方面，讲本然之性、气质之性，心属气之灵而分动静、已发未发，工夫也分静存动察。此部分可参见《居业录》，卷一，页 24b，25a，25b，28a；卷三，页 23b，24a。修养论方面，也同朱子一样强调居敬穷理，此部分可参见《居业录》，卷一。

② 胡居仁，《居业录》，卷三，页 11a。

③ 陈荣捷，《早期明代之程朱学说》。

④ 胡居仁：“明道先生本领纯、察理精、涵养熟，故不动声色，天下之事自治，涵育薰陶而天下之心自化，孔子以下第一人也。”胡居仁，《居业录》，卷三，页 11a～b。

两家学问的差异，他是有相当清楚的意识：

> 程子之学，是内里本领极厚，渐次廓大，以致其极。朱子之学，是外面博求广取，收入内里以充诸己。譬如人家，程子是田地基业充实，自然生出财谷以致富；朱子是广积钱谷，置立田地家业以致富。
>
> 用力虽异，其富则一也。但朱子吃了辛苦，明道固容易，伊川亦不甚费力。[①]

据牟宗三之论，程明道的学问在本质上较近于陆王心学，而远于朱子。其天人一本之学，和王阳明心即理的良知学，都是不强调天与人、理与气之分别，而重在直接对“仁”和“良知”的终极证悟。胡居仁说明道之学是由“大本”流出，此亦如王阳明之学首重立良知之大本，故牟宗三把程明道和王阳明之学一起归为“纵贯系统”。[②] 由此我们可以说程明道之学与朱子之学的区别，与我们上一节所论朱子、王阳明“自下往上”和“自上往下”的区分是同一类型的。因此我想问，何以胡居仁对于这两种学问类型之差异，并不追究，而只以天生禀赋之不同、所达之境地相同(其富则一也)来解释？[③] 其中是否隐含着思想

---

① 此处程子主要指程颢，不过胡居仁认为二程的学问相近，如他称程子时不刻意去区分明道、伊川，论到朱子与明道差别时又说：“朱子吃了辛苦，明道固容易，伊川亦不甚费力。”胡居仁，《居业录》，卷一，页26a。

② 参阅牟宗三，《心体与性体》(台北：正中书局出版，1985)，第一部，第二章。

③ 又如胡居仁“程子天资高，其于圣贤经义，优游涵泳以得之；朱子天资大，直索穷究到底，不肯放过”；“孟子直是英气，朱子直是豪气，天资合下皆大”；“朱子直是勇，穷理便直是穷到底，作事直是做彻底”；“朱子体段大相似孟子，但孟子气英迈，朱子气豪雄，孟子工夫直截，朱子工夫周遍”，均是以天资禀赋不同来说明作圣工夫途径上的差异。胡居仁，《居业录》，卷三，页3a，4a，14a；卷四，页54a。

上的矛盾？或者他在何种观点下能合汇这两种修养论的形态？这问题所衍生之意义也可显出胡居仁学问的特质。此即是以下讨论的脉络。

首先，我将从胡居仁关于“一贯”的论题着手讨论，因为透过此论题，可以直接与上一节所论朱子、阳明二人对“一贯”的看法比较，突显胡居仁学问的特质，进而探讨他之合汇朱子、明道是否恰适的问题，也试图了解他的学问与朱学的关系。

胡居仁谈到一与贯的工夫，说：

> 曾子一贯工夫皆有，但未悟耳，故夫子呼而告之。一贯即体用也，盖人之一心，万理咸备，体也；随事而应，无不周遍，用也。曾子平日战兢，临履忠信笃实，则其心之本体已立，随事精察，无不详尽，则心之大用已周，所谓一贯者，固在其中矣。故夫子一唤即悟，不然则应之必不如此之速也。其后子思发明中和，以为中也者，天下之大本也；和也者，天下之达道也。程子序《易》曰“体用一源，显微无间”，皆此道也。[①]
>
> 曾子当初做工夫全备，一底工夫也到，贯底工夫也到，但未悟也。一是大本，曾子平日战战兢兢，尽其忠诚，便是立大本处；贯是达道，随事穷理，《礼记·曾子问》篇，精微曲尽，便是体用上理会，但未知得体用是一原，故孔子一唤即悟。[②]

胡居仁在这里是把“一”“贯”当作两个工夫看，也就是我们上一章所论的大本和达道的工夫。“一”是存养心体，立大本的工夫；“贯”是随

---

① 胡居仁，《居业录》，卷一，页 49b～50a。

② 胡居仁，《居业录》，卷四，页 44b～45a。

事体察，遍周用的工夫。而胡居仁所关注的是两者均重的平衡，以为曾子二种工夫都到，不像朱子认为“贯，如散钱；一，是索子，曾子尽晓得许多散钱，只是无这索子，夫子便把这索子与他”；也不像王阳明所说的“一如树之根本，贯如树之枝叶，未种根，何枝叶之可得？体用一源，体未立，用安从生！谓‘曾子于其用处盖已随事精察而力行之，但未知其体之一’，此恐未尽”。[①] 朱子和王阳明都更深入地探究“一”和“贯”二者孰先孰后的问题，因这与他们学说紧密相关。胡居仁则不在“一”和“贯”二者先后、主次的关系上追究，他虽然以“一”是立本工夫，“贯”是达道工夫，但他也说：

> 存养即所以立本，理即所以达道。存养后方能穷理，穷理后又须存养，不先存养则心体昏放，大本不立，何能穷理。穷理后若不存养，则理无归着，随得而随失矣，何能为我有。[②]

胡居仁以为先有“一”的存养，方能有“贯”的穷理，看似如王阳明主张须先有“一”的工夫，才可能有“贯”的功夫。然其实并非如此，他又说：

> 一本而万殊，万殊而一本。学者须从万殊上，一一穷究，然后会于一本，若不于万殊上体察，而欲直探一本，未有不入异端者。[③]

胡居仁并不像王阳明一样以为立本的工夫即在自信良知，相信良知

---

① 黎靖德编，《朱子语类》，卷二七，页673～674；王阳明，《传习录》上，《王阳明全书》第一册，页27。

② 胡居仁，《居业录》，卷一，页54b。

③ 胡居仁，《居业录》，卷三，页7a。

“一本”既立就如同树之根本已立，只要培养，自然能开花结果，故一切的工夫就是要推致此良知于事事物物。胡居仁还是走了朱子的路径，以为只有经过在万殊事物上一一穷格的下学工夫，才可能会于“一本”，若欲直探一本则无不入于异端。因此，胡居仁虽然以存养心体为学问之大本，然他并未能有王阳明“本心即天理”的自信，所言“大本”也不是王阳明之良知，其工夫也不是“本于良知以致于良知”成始成终的学圣历程。虽然胡居仁标榜的“主敬”也可说是成始成终的工夫，然而这只意味了在修养的次序上足以“主敬”为本原工夫，[①]“敬”的工夫却无法含摄“穷理”工夫，二者终须分别。

因此，我以为胡居仁“主敬涵养”的学旨，基本上还是承袭朱子“居敬”的理路，但是于“居敬”“穷理”二者所构成的修养论架构上，则又有了变化。这并非意指胡居仁能突破朱子理论的格局，而是指其在修养论的重点上有了改变。朱子虽也说“心具众理”，但“格物穷理”方是首要工夫；胡居仁则把学说的重点放在一身之修为，故“主敬涵养具众理的心体”成为其学说的核心。如此重视向内涵养心体，使他极欣赏程明道“由大本流出”之学，也以为程明道、朱子二人所达的境界是相同的，只是为学路径不同，而面对这不同的修养途辙，却不追论孰是孰非或定其高下，反而以一种合汇的态度来肯认双方。

综言之，无论朱子或王阳明，都十分强调成圣历程中先后本末的关系，他们的学说也都清楚地显明自己的看法。朱子以为只有逐事穷理，如积累得许多散钱，才可能以索子贯之为“一”，此处“一”意指

---

① “是未知之前，先须存养此心，方能致知，又谓识得此理，以诚敬存之而已，则致知之后，又要存养，方能不失。盖致知之功有时，存养之功不息”。此是就着为学之次序和时间上说，存养乃在穷理之先，且有助于穷理之功能的实现。参见第二章第二节。

豁然贯通、会得理一之"一"。王阳明则认为，只有立得本心良知，如树之有根，才可能有枝叶之"贯"，此处"贯"则是推致良知于事上、全然中节之"和"。至于胡居仁，他的思路类似朱子，基本上他承袭朱子格物穷理"由博返约"的途辙，[①]但是他又强调人之所以能(应)格物之内在根据，换言之，他更看重朱子思想中属于格物穷理前的"立志""着意""存心"之主敬工夫，[②]使之成为其修养论的基底，而且称这工夫为"一"。此也即是他说"一先于贯"的意义。因此，当胡居仁说"一"与"贯"的工夫都到时，其实很近于朱子"居敬穷理，交相发用"之说，胡居仁称此为"体用一源，显微无间"：

> 先儒言合内外之道，又曰表里交正，曰内外交养，曰本末相资，曰体用一源，显微无间，曰动静相涵，曰敬义夹持，此等处最宜理会。[③]

这些说法都没有离开程朱"涵养""格物"二路并进之意，故胡居仁并没有真的能够脱离朱学的范囿，或在理论上合汇两种形态的修养论。然这种将"主敬"视为在时间及重要性上都先于"格物"的看法，削弱了朱子思想中的知识性色彩，也将格物所穷之"理"都指向伦理层次。同时，也因为更重视"心具众理"的观念，使得涵养心体在胡居仁的修养论中成为最重要的工夫，穷理反落于次要地位。胡居仁又把程明道"由内而外"的修养路径，牵合上朱子"心具众理"的理论，故于二人

---

① 胡居仁："穷理不周遍，则不能约要，故先博而后约，博是零碎处，约是总会处，穷理而至于融会贯通则约矣，后世有博学之士，不能造约，何也？此是博杂之学，非真能穷理，不足贵也。"胡居仁，《居业录》，卷四，页 34b。

② 参见本章第一节。

③ 胡居仁，《居业录》，卷一，页 16b。

之差异,只以天资之不同来解释。基于此,我们可说胡居仁的主敬思想,对朱学而言是一偏转,这种偏转并没有带出理论上的突破,而更多是学问重心的转移。

从学术史观的角度看,胡居仁这种学问重心的转移代表着明初普遍以“心体”为首的学风,对后来王阳明心学的开展,具有相当意义。但若就思想内容而言,胡居仁与王阳明二人在学说精神上则迥然有异。王阳明的心学,是一套在理气论、心性论、修养论都高度与朱学对话,是有意识反省并欲纠正朱学,并提出不同理论见解的新学说。而胡居仁却是在十分信服朱子权威的心态下,完全接受朱子学的理论,认为后人不须更在义理上探究,只须躬身实践,也因而放大了朱子学中关于涵养的主敬部分。胡居仁无意要偏离朱子之教,但由于时代学风和个人关注点的不同,却无形中造成偏转的事实。

既然胡居仁不是真能在理论上合汇朱子、程明道两种不同形态的修养论,他在态度上采取兼容,是否妥当?按理论的层次上说,胡居仁确实不如朱熹、王阳明般深刻和彻底,因为他虽强调心体本明,却不能推致究极,如程明道的一本说。另一方面,他虽接受朱子思想,但也不能贯彻朱子从理气论到心性论、修养论一致的“由下而上”思路,反而高举另一种修养路径。因此,胡居仁的思想在理论层次上,确实不够深入,他不能像朱子或王阳明一样地追究成圣的本末先后途径,在朱子和王阳明的重要分歧点上,他反而轻略地以禀赋之不同带过。为什么会如此呢?我想这应该与胡居仁不重视观念理论架构之探索而更重视亲身实践,有极密切之关系。

以穷理最直接主要的途径——“读书”而言，胡居仁绝对重视，[①]但是读书之重点是为了“反躬实践”，[②]即是为得先贤所得之义理，[③]作为自己实践之准则而已。因此他虽也说“博文约礼”，实际上此“博文”并不能真如朱子注经，带有高度怀疑、思索、开创的精神，[④]反而成为“剥落博文精神”的读书明理。这种学问重心集中在实践的结果，使他对于事情之判断，更集中于亲身的“体认”上，[⑤]对于理论之认可也主要重实践过程中的体认。因此，我们可以想见，胡居仁何以不像朱、王二人深切且贯彻地在理论上探讨，而采用“内外”“一贯”此种相当经验性的话语来诠释其修养论。

值得注意的是，当我们指出这种在理论架构上不彻底的缺点时，其实正是在胡居仁所不愿多谈的层面上钻研。他已经把精力由头脑的思辨移至身体的实践，此是他趋进圣学的路径。他语言的表达，也应该是实践经验层次的表达，而非整体思想系统的建构。因此若只

① 胡居仁“孔门之教，惟博文约礼二事。博文是读书穷理事，不如此则无以明诸心；约礼是操持力行事，不如此无以有诸己”；“修身莫先于穷理，穷理者在于读书、论事推究到极处”。胡居仁，《居业录》，卷二，页 19b，25a。

② 胡居仁：“四书六经皆是吾身上有底道理，但圣贤先我而觉耳，我未觉所以要读，若不反躬，则皆成糟粕。”胡居仁，《居业录》，卷二，页 51a。

③ 胡居仁，《居业录》，卷二，页 51a。

④ 狄百瑞：“这种对于其所继承的传统加以怀疑的态度，正是整个宋代学问的重大特征。作为宋儒对于经典的全盘解释与重组基础的，正是宋儒对于汉唐‘古典’学的怀疑态度。……这种致疑的态度和批判的方法，就更深深地契入于程朱修身的新传统了。如《近思录》及朱子所结集的《四书》，这些深具影响的经典鼓励了这种自觉批判的态度的发展，而且也具体地把这种精神落实在经典研究之中。”引自狄百瑞（Wm. Theodore de Bary）著，李弘祺译，《中国的自由传统》（台北：联经出版社，1983），页 70。

⑤ 胡居仁“体验二字，学者最亲切。读书皆须体验，放自己身上来，不然则书自书，我自我矣，济甚事”；“读书一边读，一边体验做，做得一两处到身上来，然后诸处亦渐凑得来，久则尽凑得到身上来，此则是大贤”；“读书须以身体验，则书上道理方与自家凑泊”。胡居仁，《居业录》，卷四，页 39a；卷一，页 20a，44a。

以头脑之思辨来评断他的学问,其实并不恰切,也不公平。或者我们也可问:对于作圣之学而言,观念理路的清晰程度真的是最重要的吗?在主观论和客观论都走入绝境的今天,如何重新思考或结合二者,并重视身体在实然情境下的活动与习惯之培养,已吸引许多学者的研究。胡居仁及明初许多儒者所展现近乎宗教情操的品德锻炼,不仅不该被轻易加诸"思想矛盾"这样贬抑的评断,反而是提醒今日学者该更多去了解明代理学家们注重身体之操练的深刻意义。从历史的观点看,有人更以为正是这种情操影响了有明一代的士风。①

第三节 白沙学与朱子学、阳明学的比较

王畿(1498～1583)曰:"我朝理学开端,还是白沙,至先师而大明。"②黄宗羲亦曰:"有明之学,至白沙始入精微,……至阳明而后大。"③均以陈献章为突破明初朱子学风、开启阳明心学的先驱性人物。后来许多学者也抱持这种看法,以陈献章为连系陆学到王学的

---

① 甲凯:"明儒于论学用力极勤,修身持躬也最严格,如薛瑄的检点言动,吴与弼的涵养性情,皆非常人所能及。此外如吕门下,礼教淑身;陈献章之徒,淡泊明志:章懋的醇朴和厚,陈选的清苦操作,王恕的高风亮节,顾宪成的忠义为重,胡居仁的鹑衣脱粟,黄道周的馈赠悉绝,都是极崇高的学养和人格。……尤其难能可贵的是明代学术门户分裂,主张各异,但大多数学者均能虚衷受益,很少攻讦之风。……文人相轻,自古以然,唯明儒严于修己,不暇责人,可谓长于内省而近于完美了。"甲凯,《明代的学风与士习》,《中国历史学会史学集刊》第七期(1975),页179～185。

② 王畿,《复颜冲字》,《龙溪王先生全集》(台南:庄严文化事业,1997),卷十,页40b。

③ 黄宗羲,《明儒学案》,卷五,页78。

关键。[①] 但我们从陈献章自述成学经过知道，他的学问是从朱学入手，因未能有得，故转手而出，才开展出一套自己的思想。因此就其所处明初理学和心学交会点上的学术地位而论，我们实在不能轻忽其与朱子的关系。故下文将就其修养论，来看其学问转手于朱子的部分。特别要由“读书”的问题，来突显二人最主要的差异。

黄宗羲虽指明陈献章之学与王阳明的关系，但他的一句话：“两先生之学最为相近，不知阳明后来从不说起，其故何也。”[②]似乎已窥见在这种学术传承的显见处，尚有着更多的曲折、源委待详细考究。事实上，确实已有许多学者致力于此问题的探讨，[③]熊十力、山下龙二

---

① 章沛指出，明代学者对陈献章思想的看法可分为三：一是以其为非儒家思想，属禅宗思想，如胡居仁、罗钦顺；二是以其为陆王一脉相承，黄宗羲为代表，王门诸子也都采此说；三是以为其思想既非属禅学，亦不属心学，乃是儒家之一脉，如高攀龙。冯友兰也称陈献章“其初所学为朱学，其后所自得，为陆学也”。容肇祖：“(明代)变朱学为陆学的，实始于陈献章，成于王守仁。”黄桂兰“阳明兴起，遥承陆氏”；“王阳明学说发源于白沙”。见章沛，《陈白沙哲学思想研究》，页 6～7；冯友兰，《中国哲学史》(台北：太平洋图书公司，1970)，页 946；容肇祖，《明代思想史》(台北：台湾开明书局，1982)，页 35；黄桂兰，《白沙学说及其诗之研究》(台北：文史哲出版社，1981)，页 1，101。

② 黄宗羲，《明儒学案》，卷五，页 78。

③ 姜允明指出王阳明曾三次提及陈献章之名，认为：“阳明对白沙当有所知，所谓有意不提及者，盖白沙学受胡居仁等攻击，指为趋向黄老，流入禅教，而目之为异端。明室朱学遗风，科举进士之习尚弥漫下，阳明虽有受启发于白沙，亦尽量避免予以讨论或引用。”陈荣捷认为王阳明之所以不道及陈献章，是因为未曾看过陈的著作，又认为陈献章与王阳明皆上承周、程、象山之心学，故王阳明不必通过陈献章以明其说。熊十力认为王阳明与陈献章之学必有异处，而终不道及者，正是敬恭老辈，非敢慢也。山下龙二：“陈白沙式的‘静坐’思想也在这时流入他(阳明)的脑海中去，可是如果说他有陈白沙的直接影响，却是没有任何证据。只有少年时代接触过吴康斋门下的娄一斋以及和陈白沙门下的湛甘泉是朋友这种关系而已，而且和后者的接触可以说反而使他有更清楚的对立意识。”姜允明，《明儒陈白沙生平学说概观》，《心学的现代诠释》(台北：东大出版社，1988)，页 115～139；黄敏浩，《湛甘泉的生平及其思想》(台湾大学中国文学系硕士论文，1988)，第四章，注 7；山下龙二之言，见加藤长贤监修，蔡懋棠译，《中国思想史》，页 155；Wing-tsit Chan, “Chan Jo-shui's influence on Wang Yang-ming,” Philosophy East and West, v01.23, pp.9～30.

均以为此处之不提，乃二先生学问终有相异处所致。[①] 故此处比较陈献章与王阳明之学，主要集中在二人学问之相异处，即心与理的关系上讨论，并依此说明二人修养论的差异。

一、白沙学与朱子修养论的比较

如前文所论，朱子的学问是一套从理气论下贯心性论、修养论的庞大体系，因于实然存在讲理气二元的结构，使其论性有本然之性、气质之性的区分，论心亦有道心、人心的分别。成圣是从实然迈向应然（从气障蔽理到气受导于理）的过程。故其学看重气质之蔽，因此其所谓"性即理""道心"等意义，是作为成圣之所以可能的内在根据，以及理想圣人境界的构想。而整体修养的工夫，则是要通过居敬穷理才能达到会通理一、纯然道心之境。相对的，陈献章的学问可以说是以心为主而开展的。虽然他仍以"道"为天地万物之根本，[②]论到"理"时也说："此理干涉至大，无内外，无终始，无一处不到，无一息不运。会此则天地我立，万化我出，而宇宙在我矣。"是以此天理为充塞宇宙、至高至大的原理，而且认为工夫只是在"收拾此理而已"，[③]故与朱子的天道、天理观，似乎没有差别。但是，陈献章论到心体时，却没有气质蔽固的"人心"之说，而是以此心为一能完全体悟天道、具有创造动力的主体，故又不同于朱子。

论到圣人境界时，朱子说"自然从容中道，才方纯是道心"，与陈

① 参见加藤长贤监修，蔡懋棠译，《中国思想史》，页 155～156。

② 陈献章，《论前辈言铢视轩冕尘视金玉》上，《陈白沙集》，卷一，页 65b。

③ 陈献章，《与林郡博》第五书，《陈白沙集》，卷三，页 22a。

献章说“圣道至无意”“随时屈信，与道消息”，[①]同样描述顺天道而行的自然境界。且二人的学问论到成学境界都意指着心能会通天理，即所谓“豁然贯通”和“心凑泊于理”，并且也都认为欲达此境界，须要一长久的修持。因此，虽然朱、陈二人的思想在整体结构上已有显著的差异，但在修养论的构想上，仍有着某种相关性。事实上，陈献章早年为学就是遵从朱子格物穷理的方法，后来因深感心无法凑泊于理，遂撤反于朱学，以静坐悟此心此理之凑泊，才得以建立他以心体为核心的思想。因此其修养论之目标与“由下而上”的历程之所以类似于朱子，是可以想象的。不过，对于如何达到“心与理一”的涵养工夫，二人的看法全然不同，此处不仅是陈献章建立新说的关键处，也是二人差异最鲜明之处。而突显二人修养论差异最有明显之焦点，还是在“读书”的问题上。

朱子格物穷理的工夫，基本上承袭程颐所说：“今日格一件，明日又格一件，积习既多，然后脱然自有贯通处。”即通过长期积累的工夫而得，最后的“豁然贯通”虽有顿悟色彩，[②]然若非前头之格物的积累，不可能达致。故概括而言，朱子的格物穷理是着重渐修的工夫。朱

---

① 朱熹，《问张敬夫》，《朱子文集》，卷三二，页 8b；陈献章，《仁术》《与张廷实主事》第三十五书，《陈白沙集》，卷一，页 70a；卷二，页 61a。

② 朱子格物说：“至于用力之久，而一旦豁然贯通焉，则物之表里精粗无不到，而吾心之全体大用无不明矣，此谓之物格，此谓之知致。”这基本上同于程颐“今日格一件，明日又格一件”之说。格物首先是一积习的工夫，但所终的豁然贯通却含有神秘主义的顿悟经验；今日格一件、明日格一件是有意有为的积累工夫，贯通之后却是体证太极理一，无意无为与天命流行的全明之境。用程颐的比喻，则是一为人执尺丈量，一为人化而为尺的差异。故格物穷理并非一连续的工夫，最终贯通的经验并非积习所能达致的，然却是非由积习入所不可能达致的。程颐：“其未化者，如人操尺度量物，用之尚不免有差，若至于化者，则己便是尺度，尺度便是己。”见程颢、程颐，《河南程氏遗书》（台北：汉京文化事业，1983），卷十五，页 156。

子虽然也讲心之虚明,[1]但其工夫进路却从不与外物舍离,相反的,心只有一事一物地去接触并穷究其理,才是致知的唯一方法。读书既然是格物穷理工夫中有效又重要的活动,故可说读书是帮助心能豁然明理所不可缺少的活动,读书在朱子涵养论中占有重要的地位。

陈献章则不然,其涵养论的关键工夫是静坐,唯有通过静坐、脱去物累而达至全然静虚之境,跃然契道之心体才可能呈露。而悟道之学问,只有靠此心之能知,全然不关乎语言、闻见、积累之工夫。故读书对陈献章而言,只是自得之后一可有可无之活动,对其得道而言,没有真正关键性的帮助:[2]

> 夫学,贵乎自得也。自得之,然后博之以典籍,则典籍之言,我之言也。否则,典籍自典籍,而我自我也。[3]
>
> 致养其在我者,而勿以闻见乱之,去耳目支离之用,全虚圆不测之神,一开卷尽得之矣,非得之书也,得自我者也。盖以我而观书,随处得益;以书博我,则释卷而茫然。[4]

---

① 朱子"虚灵自是心之本体,非我所能虚也";"心本是湛然虚明,事物之来,随感而应";"圣人之心,莹然虚明,无纤毫形迹"。黎靖德编,《朱子语类》,卷五,页 87;卷十六,页 347,348。

② 此处意指读书在陈献章修道工夫上的地位,并非指其成学全然无得益于书本。

③ 张诩,《行状》,《陈白沙集》附录,页 14a。

④ 引文见陈献章,《道学传序》,《陈白沙集》,卷一,页 26b～27a。又朱子:"山谷与李几仲帖云:'不审诸经、诸史,何者最熟。大率学者喜博,而常病不精。泛滥百书,不若精于一也。有余力,然后及诸书,则涉猎诸篇亦得其精。盖以我观书,则处处得益;以书博我,则释卷而茫然。'先生(朱子)深喜之,以为有补于学者。"其中以我观书诸句,虽同于陈献章所说,但含意并不同。此处仅说及读书当精熟,不可太快泛滥百书,只想于闻见知识上以书博我,并非格物穷理之方,故朱子以为有补于学者。黎靖德编,《朱子语类》,卷十,页 169。

千卷万卷书，全功归在我。吾心内自得，糟粕安用那？[①]

此心自太古，何必生唐虞，此道苟能明，何必多读书。[②]

吾能握其机，何必窥陈编。[③]

陈献章认为人有在自得之后才合适读书，因为到了那时，静虚神妙之心体能契悟书中之理，故才是真正地以我观书，也才能随处得益。事实上，这种益处就是能随处体认天理的表现，其实到了那时，读书仍不是一重要活动，因为朝市山林、江天云海，随处都可以体认天理，不必限于书本。故曰“吾心内自得，糟粕安用那”“此道苟能明，何必多读书”；其诗亦云“文士弄笔砚，著述劳心神，而我独无事，隐几忘昏晨”；“老夫无可洗，抱膝洗吾诗。一洗一回疏，相将洗到无”。[④] 如果诗是陈献章自得后利用文字所作一情境式的表达，他仍要一回一回地洗练到“无”的境地，将此心此我完全消融于大化自然中。因此我们确实可说，读书对陈献章是一可有可无之事；对一未能掌握学问之霸柄在心的人，他必告之以“观书博识，不如静坐”。

以上即是就朱子、陈献章二人在其学问所达之理境的相似性与涵养路径的差异，来讨论二人学问之异同。由此我们可见，陈献章学问已脱离朱学的范围，以其自身经历为准，建立起一套自己的学说，他不像胡居仁只是在学问侧重面上转移、理论架构完全承袭朱学。陈献章为学之霸柄与一切判准均集中于“心”，如此信任心体，更是使其能在明代心学发展史上占据开创地位的主因。

---

① 陈献章，《藤蓑》，《陈白沙集》，卷五，页 10a。

② 陈献章，《赠羊长史寄辽东贺黄门钦》，《陈白沙集》，卷五，页 16b。

③ 陈献章，《答张内翰廷祥书括而成诗呈胡希仁提学》，《陈白沙集》，卷五，页 2a。

④ 陈献章，《拉马玄真看山》《洗竹》，《陈白沙集》，卷五，页 13b，37a～b。

二、白沙学与阳明学的根本差异

王阳明、陈献章二人学问有许多相似处，如他们对朱学的批判，对存天理、去人欲之讲求，对心体之信任，以心为主的为学态度等都很接近。故王畿、黄宗羲均以二人之学有相承的关系，我们也可认定陈献章对王阳明有相当影响，甚至赞同王畿和黄宗羲之见，把陈献章置于明代心学开创性的地位。尽管如此，我们仍应辨析陈献章、王阳明二人在学问根本上的差异。于此差异处，不仅可见王阳明的创发之功，更可见学术发展中微妙多元的继承与变化。

陈献章虽强调心体的重要，但其“此心此理之凑泊”在本质上仍不同于王阳明的“心即理”。王阳明以为心体即是天理，即是本然的良知，是不必待学问、修持而本然即是理。此良知心体亦可随时呈露，故其涵养论的起点就在把握这个先天而然的“良知心体”，而不必以长期静虚之工夫待此心体之朗现。也因此在王阳明的修养论中，最重要的不是静坐，静坐只是一权宜之法，[①]最重要的乃在“推致吾良知于事事物物上”，在能贯通内外动静的“事上磨练”。相对的，陈献章的“此心此理能凑泊”并非一本然即是的境界，心体亦非可以随时呈露，都是经过长期静虚修持之结果。此处当然不是指陈献章之心体没有先天性，只是它如朱子的道心一般，是要经涵养到最高境界才能体现的。所以在修养论型态上，陈献章仍不是属于阳明“由上而下”的型态，反而是属朱子“由下而上”的形态。[②]

---

① 见第二章第一节。

② 安田二郎，《陈白沙的学问》，《中国近世思想研究》，页 149～183。

从陈献章、王阳明二人学问本质的相异处，我们再来看其涵养论的差异。对陈献章而言，随动随静体认天理当在心体呈露之后始能；王阳明则以为此心在起头处已是全备天理。故陈献章之涵养重在静坐以达至虚至无，而能使此心体朗现；王阳明之修持则重在把握全备之良知，随事随物磨练。同样地，虽然在二人思想中，"读书"之于成圣均非关键，然而陈献章比王阳明有更排斥读书的倾向。王阳明不必依靠读书得道，也不必排斥读书，因为读书与否都无关乎"心即理"的本然事实，而读书正可以是诸多"事上磨练"之一事。陈献章则认为只有在"心"上用功，于虚静中让心体呈露，才能达"心与理凑泊"之境，读书往往会阻扰人于心上用功，使心体陷入纷扰的活动，故陈献章不仅不重视读书，且有排斥读书的倾向。由这些差异，我们可以说，尽管王阳明之学可能受到陈献章的启发，然其"心即理"的自得之说，实非陈献章之学所能涵括，此或即是王阳明从不说起陈献章之故。

另外，若以涵养工夫的外观而言，我们发现陈献章脱离物累、讲求绝对虚静的面貌，与朱子居敬格物、王阳明事上磨练之贯乎动静的面貌决然不同。但若以整体思想而言，陈献章则反映着从朱子到王阳明中间的学问风貌。朱子是通过格物和居敬的工夫，才能达心与理一之境；陈献章则把重心推到人之"心"上用功，但却是通过至虚至静至无的工夫，以达至心与理一之境；王阳明之学则从起初就在此心与理一的基础上建构，故其学重在以此心去应事。因此我们可说，陈献章之学在心体之创发上，已相当近于王阳明，但在涵养论"由下而上"形态上，却又似朱子。此亦可视为由理学到心学发展中的重要环节。

第四节 “心”在理学中的演变

此节将综合上文所论，再一次对朱熹、胡居仁、陈献章，到王阳明的学术发展做一反省，也试图为胡、陈二人的学术做定位。我将以综观“心体”在各人学问中所占的分量，来讨论这段学术史的演变。

在朱子思想中，“心”并非不重要，相反的，心不仅是人一身之主宰，又有知觉的作用，更禀具众理，[①]因此人与万物之接触、自身的行动与思维都是出于心之运用，道德意识的根源也在此禀具众理的心体，而修养论的重点就是在使此具众理的心，能在现实发用上完全达到“心与理一”的境界。由此可说，“心”是朱子修养论中极重要的关键所在，钱穆先生更说：“朱子之学彻头彻尾乃是一项圆密宏大之心学。”[②]如果我们只把眼光的焦点放在朱子论心的内容上，而不去注意其思想的另外论题，事实上并不容易区别其与陆王心学论心之差异。换言之，朱子思想中是有心学的某些内涵，但这种相似性并不能掩盖他们之间存有更大的差异性。学者以朱子为“客观唯心论”、以王阳明为“主观唯心论”，也正说明这种现象。[③]

但是，在朱子学庞大的体系里，“心”并不是唯一的重点。前文讨

---

① “问：‘心是知觉，性是理。心与理如何得贯通为一？’（朱子）曰：‘不须去着实通，本来贯通。’”朱子：“心者，人之所以主于身者也，一而不二者也，为主而不客者也，命物而不命于物者也。”“人之心，湛然虚明，以为一身之主者，固其本体。”黎靖德编，《朱子语类》，卷五，页 85；朱熹，《观心说》《答黄子耕》七，《朱子文集》，卷六七，页 20a～b；卷五一，页 27a。

② 钱穆编，《朱子新学案》第二册，《朱子论心与理》，页 1。

③ 蒙培元，《论朱熹理学向王阳明心学的演变》。

论到朱子思想是一套从理气论下贯心性论，关注点广大而复杂的体系，注重人与万物间的和谐相处。心不仅要能主宰一身，在感物受动时也要能达如理而发的境界，因此要使具众理的心体能达致“心与理一”，并非单以涵养此心为主，更要以能连接主容物我之“格物穷理”工夫为首务。因此我们可以说，朱子虽重视心，但“心”在朱子整体思想中并非处于最核心的地位。

胡居仁的思想几乎完全承袭朱子，但对朱子学说中各论题的分量，却有所偏移。他削弱了理气、太极、本体论的部分，把学问重心置诸身体修养，故也更加发挥了涵养主敬的部分，并以此作为其修养论第一序的本原工夫，与朱子以格物穷理为首务的修养论已有不同。此正是胡居仁之学偏离朱子之处，也是明初朱学学者普遍的学问特色。由于胡居仁学问重心做了如此的偏转，虽然他自觉地谨守朱学轨范，就其学问的大体而言，也仍属朱子学派，但实际上，“心”在其整体思想中的比重已大大被提升了。

陈献章虽然也从朱学入手，但他最终对朱学偏离的情形要比胡居仁大，而且有意识地扬弃朱学的修养方法而自创新说，此即其与胡居仁在学术上对立的原因。陈献章之学以“心”为主，他放弃了朱子道心/人心的理气二元结构，而赋予“心”能完全契悟天道、掌握宇宙变化之机、具有创造力的内涵。他的文字充满了对心之颂赞，对心凑泊天理、晤道自然之境的抒发，但很少对存在论做理论上的剖析。这一点也可说明心体在陈献章学问中的核心地位。陈献章修养论的重点即是在“使心与理能凑泊”，亦即让那能悟道、能创造的心体呈露，而达日用应酬有本有源、如理而发的境界。而修养工夫的唯一入手处，也就在“心”上，他主张排除一切外物之纷扰，要“无意无累”方是大本工夫,而“静坐”正是使心不陷外物纷扰的重要工夫,故在陈献章学问中具重要地位。

陈献章、胡居仁学问的主要差异在:胡居仁虽重涵养心体,但没有放弃在事上格物,他仍蹈循了程朱居敬穷理的修养方法,对学问之判准也以程朱之说为准;陈献章则已正式脱离了程朱学讲格物、重传统、重经书的格局,一切学问的判准都留给本心。陈献章是第一位以“心”建立学说的明初学者,心体已经成为核心与用功的唯一霸柄处,由此亦可见“心”的地位与重要性,往前大大地跨了一步。

尽管如此,明代真正代表“心学”的精神,却要到王阳明才达至高峰。因为对陈献章而言,心体虽然重要,但并非本然地凑泊于理,故心要与理合一仍是经过长期修养的结果。但王阳明“心即理”学说则不然,心即是理,一切对外物的观照都是从本心良知而发,这种对道德本体的自信与把握,对万物道德性的观照都成为王阳明学说的核心。他把朱学中作为存在论最高原理的“理”,完全内放于良知本体,一切原则、判断、价值都归于心体。如此才能在理论层次上真正与朱学对话,重新思考朱学中的许多论题,并提出完全不同的理论,故也才能真正代表明代心学学说的完成。概括而言,对朱学的违离程度,从胡居仁、陈献章到王阳明是一步步地加大距离,对“心”的重视与自信,也是逐渐地加强。当然,我们也不可忽略,王阳明与朱子在终极理想、思考的方式与语汇上,都具有密切的关系,毕竟二者都属于理学传统内部的学说,差异和对立也不是绝对的。

综上所论,胡居仁、陈献章的学问都反映了明初注重心体的学风,也都对心学的发生有所助长,然而这毕竟只就宏观的学术发展史而言,也是后代回顾式的观照。若以二人所自觉的学问特质而言,他们确实具有相当大的差异，这差异主要表现在他们对朱子思想执守的程度。胡居仁笃守程朱矩矱，是明初程朱学派的大儒；陈献章则从程朱学中解放而出，凭着自我摸索和自信本心的经验，开创了新的学派。

第四章　小　结

黄宗羲曰："先生（敬斋）必欲议白沙为禅，一编之中，三致意焉，盖先生近于狷，而白沙近于狂，不必以此而疑彼也。"[①]虽然胡居仁、陈献章二人学问的差异，不是单单以"狂""狷"可以总括的，但黄宗羲此语，仍然很恰切地点出二人生命与学问的特质。

《论语》：

> 子曰："不得中行而与之，必也狂狷乎！狂者进取，狷者有所不为。"[②]

《孟子》又云：

> 孟子曰："孔子不得中道而与之，必也狂狷乎。狂者进取，狷者有所不为也。孔子岂不欲中道哉，不可必得，故思其次也。""敢问何如斯可谓狂矣？"曰："如琴张、曾皙、牧皮者，孔子所谓狂矣。"曰："何以谓之狂也"？曰："其志嘐嘐然，曰：'古之人，古之人！'夷考其行而不掩焉者也。狂者又不可得，欲得不屑不洁之

① 黄宗羲，《明儒学案》卷二，页 30。

② 朱熹，《论语集注》卷七，收入《四书集注》，页 7b。

士而与之，是狷也，是又其次也。”[①]

从“狂者进取；狷者有所不为”“狂者，志极高而行不掩；狷者，知未及而守有余”看来，[②]确实是陈献章和胡居仁学风的很好写照。陈献章奋然于学问自得的气魄、勇于破除朱学之范围、歌颂契悟自然的真乐、撤除门户藩篱之见，和胡居仁的遵循名教礼法、笃守程朱矩矱、致力下学工夫、捍卫儒学正统，在在都是鲜明的对比。二人对于圣学追求的方式也确实表现了“进取”与“有所不为”的精神差异。

狂者的“进取”使他们往往更富有开创性的精神，也勇于创造新的学风；而“志高”也使他们倾向以生命去追求、歌颂最高境界的美善与至乐。这种专注在天人合一之最终境界的追求，使他们较轻看学派间的异同之辩，学问也较宽广而驳杂，故容易引来许多醇正儒者的批评。不仅陈献章如此，曾点、邵雍甚至王阳明，以及后来的泰州学派，都或多或少表现了这种“狂”者的精神风貌。[③] 黄宗羲也说：

> 盖自夫子川上一叹，已将天理流行之体，一日迸出。曾点见之而为暮春，康节见之而为元会运世，故言学不至于乐，不可谓之学。至明而为白沙之藤蓑，心斋父子之提唱，是皆有味乎其言之。然而此处最难理会，稍差便入狂荡一路，所以朱子言曾点不可学，明道说康节豪杰之士，根本不贴地，白沙亦有说梦之戒。[④]

陈献章之学以体会天道流行之至乐为目标，文字语言也多表达对这

---

① 朱熹，《孟子集注》卷十四，收入《四书集注》，页 13b～14a。

② 朱熹，《论语集注》卷七，收入《四书集注》，页 7b。

③ 关于阳明的狂者精神，参见秦家懿，《王阳明》，页 27～52。

④ 黄宗羲，《明儒学案》卷三二，页 719。

境界的赞颂。他的诗多作于心体呈露、学问成立以后，[①]故诗中充满描写天理流行、天人合一的快乐情境，例如：

真乐何从生，生于氤氲间。氤氲不在酒，乃在心之玄。行如云在天，止如水在渊。静者识其端，此生当乾乾。[②]

若道眼中惟见水，老狂何意向诗倾。[③]

人间一种惟予乐，只在溶溶浩浩间。[④]

诗的语言是作为这种境界表达的最佳媒介，故学问风格倾向曾点气象的学者，均往往喜欢作诗赞颂，邵雍、陈献章如此，王阳明也如此，例如他说“老夫今夜狂歌发，化作钧天满太清”“铿然舍瑟春风里，点也虽狂得我情”。[⑤] 这种狂者的精神与他自信良知、契悟天理的经验应该有关。

然而，太多去描摩天理流行、万化合一这种高妙的境界，对于为学工夫并没有太大助益，反而可能流于空幻，故黄宗羲说：“稍差便入狂荡一路”。此也就是那些注重“下学上达”为学次第、笃守名教礼法的儒者所最不喜轻言的。从程颐、朱子，到胡居仁，我们都看见他们对曾点气象的批评，而胡居仁之所以竭力抨击陈献章之学，也正因为此。胡居仁“如公甫所说，是常把这天地万象积放胸中，只弄得这些精神，岂暇再去思量事物之理，故张皇煊赫，自己不胜其大，故下视圣

① 据陈郁夫，白沙诗多作于五十二岁以后。陈郁夫，《明陈白沙先生献章年谱》，附录年表。

② 陈献章，《真乐吟效康节体》，《陈白沙集》卷九，页48a。

③ 陈献章，《题山泉为林节推》，何九畴编，《白沙子全集》卷六，页60a。

④ 陈献章，《梦中作》，《陈白沙集》卷九，页36a～b。

⑤ 王阳明，《月夜二首》，《王阳明全书》第二册，页204。

贤、小视天地”，[1]正表达了他对这种高妙境界之说是“有所不为”的。

与狂者相反的，狷者的“有所不为”常使他们在动荡的社会中，能保有操守，在变化的学风下，能持守学问之纲纪大分。或许就着学术的开创而言，他们较缺乏建树，就学问的表达而言，他们也不够高妙精辟，然而若以学术传统的维系而言，他们却具有稳定持守的影响力，也是对“狂者进取”的一种持衡作用。在未能达“中行之道”的社会里，“狂”与“狷”往往是一对能互相激荡、反照，且具有制衡功能的两股精神风貌与力量，而胡居仁、陈献章二人之学对当时学界的影响也正是如此。然而不论“狂”或“狷”，总不是为学的最后目标。朱子说：“不若得此狂狷之人，犹可因其志节，而激厉裁抑之以进于道，非与其终于此而已也。”[2]超狂狷而入圣人之境，才是儒学的最终目标。即使胡居仁与陈献章在生命风格与学术表现上均有明显差异，二人致力于“作圣”的心志是一致的，以儒家圣人为终极理想也是一致的。

---

① 胡居仁，《居业录》，卷四，页 42b。

② 朱熹，《论语集注》卷七，收入《四书集注》，页 7b。

附录:胡居仁与陈献章年表

胡居仁	陈献章
明宣宗宣德三年戊申(1428)	生
	陈献章(字公甫,号石斋,又号石翁、白沙子、碧玉老人、玉台居士、江门渔父、黄云老人、紫水归人、南海病夫等)生于广东新会县都会村,生时(十月二十一日)为其父卒后之一月。先生系出河南太丘,先世仕宋,金人南下,避居广东雄珠玑巷,度宗咸淳年间,其高祖判卿南下至新会,居都会。祖永盛,为人不省世事,好读老氏书、尝慕陈希夷之为人。父琮,号乐芸居士,少颖悟,读书一目数行,尤善诗,隐居不仕,年二十七卒,著有《乐芸诗集》。母林氏,年二十四即孀居,终身守节,兄名献文。
生	明宣宗宣德九年甲寅(1434)
胡居仁(字叔心,号敬斋)生于江西余干。始祖检阅公,泰州人,随宋高宗南渡,居进贤之归仁乡,后徙临川白玗。六世祖斗南公,徙余干邹店,九世祖日新公,徙梅溪。父子仪,读书教授乡里,号竹友先生,母王氏,兄名居安。	

续表

胡居仁	陈献章
明英宗正统元年丙辰(1436)	九岁
	先生幼时体弱多病,“至于九岁,以乳代哺”(《乞终养疏》)。又“警悟绝人,读书一览辄涌”(《行状》)。
七岁 明英宗正统五年庚申(1440)	
受学于家塾,言动类成人,塾师异之。	
十三岁 明英宗正统十一年丙寅(1446)	十九岁
移居记作:“予年十二三,随亲居安仁之大原”。	充邑庠生,其师见其所为文,异之曰:“陈生非常人也,世网不足以羁之。”(《行状》)
明英宗正统十二年丁卯(1447)	二十岁
	中乡试第九名。
明英宗正统十三年戊辰(1448)	二十一岁
	赴北京春闱,中副榜进士,入国子监读书
明代宗景泰二年辛未(1451)	二十四岁
	先生复试下第,乃南归。南归后,迁白沙村,居小庐山下,设帐授徒,志道向学(《改创白沙家祠碑记》云:“白沙先生生都会里,里俗悍,先生长,迁白沙小庐山下。”迁居年月不可考,大略在南归后,故系此。)
十九岁 明代宗景泰三年壬申(1452)	
从于世衡先生准受《春秋》学。	

续表

胡居仁	陈献章
二十一岁	明代宗景泰五年甲戌(1454)　二十七岁
是岁读《小学》有感,于是往受教于临川吴康斋先生门下,乃知古圣贤之学,以存心穷理为要,躬行实践为本。	闻江右吴聘君康斋先生,讲伊洛之学于临川之上,遂弃其学,从之游。一日,晨光才辨,吴氏手自簸谷,而白沙未起,乃大声曰:“秀才若为懒惰,即他日何从到伊川门下?何从到孟子门下?”(《明儒学案》)康斋性严毅,来学者绝不与语,先令治田,独待先生有异,朝夕与之讲究。(《行状》)后先生自言“康斋于古圣贤垂训之书,无所不讲”,但先生当时“未知入处”。(《复赵提学佥宪》),故受业半年,翌年春便归白沙。
	明代宗景泰六年乙亥(1455)　二十八岁
	春,归白沙,闭门读书,益穷古今载籍,旁及佛老经典,甚至稗官野史,无所不窥,有时彻夜不寝,少困则以水沃足。久之,乃悟前非,叹曰:“学贵自得也,自得之,然后博之载籍,则典籍之言,我之言也。否则典籍自典籍,而我自我也。”(《行状》)
二十三岁	明代宗景泰七年丙子(1456)　二十九岁
冬从吴康斋先生往闽。	筑春阳台,日静坐其中,虽家人罕见其面,以期彻悟自得,如是者数年。先生《复赵提学佥宪》云“所谓未得,谓吾此心与此理未有凑泊吻合处也。于是舍彼之繁,求吾之约,惟有静坐。久之,然后见吾此心之体,隐然呈露,常若有物;日用间种种应酬,随吾所欲”,以静坐而悟道。而张诩撰《白沙先生墓表》则云:“暨归,杜门独扫一室,日静坐其中,虽家人罕见其面,如是者数年,未之有得也。于是迅扫夙习,或浩歌长林,或孤啸绝岛,或弄艇投竿于溪涯海曲,忘形骸、捐耳目、去心志,久之,然后有得焉。”

续表

胡居仁	陈献章
二十九岁　　明英宗天顺六年壬午(1462)	
吴康斋先生至其居所,赐扁曰“礼吾书舍”。	
三十一岁　　明英宗天顺八年甲申(1464)	
与好学之士,构丽泽堂,相与讲学。(文集书信未记年日,此依杨希闵著《年谱》系于此年。)	
三十二岁　　明宪宗成化元年乙酉(1465)	三十八岁
移居梅溪南五六里地。	在春阳台用功至此凡十年,自得之学至此有成。
三十三岁　　明宪宗成化二年丙戌(1466)	三十九岁
二月丁父忧。执亲之丧,水浆不入口,柴毁骨立,非杖不能起,三年不入寝室,动依古礼。	与门人于讲学之暇,习射。流言四起,诬以众兵谋反。众皆危之,而先生处之泰然,行若无事。时顺德令翰林院侍读学士钱溥,劝晋京,勿贻太夫人忧,亦明哲保身之道。遂北上,重游太学。一日,国子监祭酒邢让试先生,以“和杨龟山‘此日不再得’韵诗”为题,大惊曰:“龟山不如也。”明日扬言于朝,谓真儒复出,由是名震京师,一时公卿贤士皆从之游。未几,出太学,历事吏部文选司,先生日捧案牍,与群吏杂立厅下,朝往夕返,不少怠。郎中等官皆勉令休,对曰某分当然也。侍郎尹曼闻其贤,遣子从学,先生力辞,凡六七往,竟不纳。
三十四岁　　明宪宗成化三年丁亥(1467)	四十岁
二月葬父于梅溪下。	春,辞官南归,作《湖山雅趣赋》。

续表

胡居仁	陈献章
三十五岁　明宪宗成化四年戊子(1468)	四十一岁
父服阕后，佥事潮阳李公(李龄)延主白鹿书院讲席，甫定规约，会母忧，归。续白鹿洞学规六则：一、正趋向以立其志，二、主诚敬以存其心，三、博穷事理以尽致知之方，四、审察几微以为应事之要，五、克治力行以尽成己之道，六、推己及物以广成物之功。	复入京师
明宪宗成化五年己丑(1469)	四十二岁
	礼闱再下第，群公往慰，先生大笑，庄咏曰“他人戚戚太低，先生大笑太高，二者过不及”，先生颔之。门人林光拜先生于神乐观，从归江门。三月，行李出北京。五月，过南京，与罗伦诸友相会，欢聚三日。六月，过清江，以手书问吴与弼。秋，南归，杜门不出，潜心道学，居碧玉楼，日与弟子辈讲论。四方来学者益众，誉满天下，乃营小庐山书屋，以处四方学者。虽中官、释、道、士、农、工、商来谒者，悉倾意接待，有叩而无不告。
明宪宗成化六年庚寅(1470)	四十三岁
	九月，作《李文溪文集序》，言自得之学。(陈郁夫按：《论前辈铢视轩冕尘视金玉》文三篇，或作于此时。)
明宪宗成化七年辛卯(1471)	四十四岁
	《杂诗序》：“予自成化辛卯秋九月以来，绝不作诗，值兴动，辄遏之……”(陈郁夫说先生五十二岁以前诗作不多，而四十四岁至五十二岁间诗作尤少。)

续表

胡居仁	陈献章
三十九岁　明宪宗成化八年壬辰(1472)	四十五岁
复访娄谅于芸阁中,极论累日,得所未得者甚多。	正月,娶罗氏女。
明宪宗成化十二年丙申(1476)	四十九岁
梦观化,书六字壁间曰:“造物一场变化。”	
明宪宗成化十三年丁酉(1477)	五十岁
	春,罗一峰弟养明奉兄命来白沙。归,先生作《送罗养明还江右序》赠。偕门人周镐、周京游绿护屏之圣池,作《云潭记》。
四十六岁　明宪宗成化十五年己亥(1479)	五十二岁
寄晏湑书中云:“居仁自丙戌年丧父,戊子年丧母,至辛卯年后疾病,缠绵八年方愈,故血气早衰,不能精进,今又丧妻,无一好况。”(杨希闵案:胡居仁患病八年,大概在家讲学,丧妻不定何年,玩语气总在己亥之间。)	作《吴川县学记》《李德孚挽歌》。
四十七岁　明宪宗成化十六年庚子(1480)	
主白鹿书院讲事,正月二十六日起行,二月初三到院。不幸因旧疾复作,故于六月初二日回家医治。《奉祁参政种宪副庄佥宪》《奉祈大参锺宪副》《与陈大中书》《辞祁大参锺宪副》等书可参考当时学风及居仁教育政策。《贯道桥记》《延宾馆记》也作于白鹿洞。	

续表

胡居仁	陈献章
四十八岁　　明宪宗成化十七年辛丑(1481)	五十四岁
三月游浙江西湖,有游西湖记。	江西有司藩臬布政使等修复白鹿书院,遣李、刘二生至粤,聘先生任山长。先生以不能胜任为由,报书以辞。
明宪宗成化十八年壬寅(1482)	五十五岁
	广东左布政使彭绍疏荐先生于朝,曰:“国以仁贤为宝,臣才德不及献章万万,犹叨厚禄。顾献章醇儒,乃未见收用,诚恐国家坐失为贤之宝。请以聘吴与弼故事起之。”疏闻,宪宗皇帝可其奏,命有司以礼劝驾。先生以母老并久病辞。时巡抚右都御史朱英,惧先生终不起,疏末曰:“臣已趋献章就道矣。”因告之曰:“先生万一迟迟其行,则予为诳君矣。”先生不得已,遂于九月起行至京师。十月,过永丰祭亡友罗伦,有《告罗一峰墓文》。十一月,道出剑江,躬往吴康斋墓,致祭如礼,有《祭先师康斋墓文》。
五十岁　　明宪宗成化十九年癸卯(1483)	五十六岁
番阳余子积来从学,年十九,公以女妻之,后登弘治二年进士,至吏部右侍郎。	春正月,访庄定杲山于江浦,提学南畿侍御上饶娄克贞让来会,三人相与于白马寺论学赋诗,浃辰而别。三月,抵京师,吏部尚书即令赴吏部应试,会疾,不果赴。八月,上《乞终养疏》,宪宗亲阅再三,大为其孝感动,明日,授翰林院检讨,俾亲终疾愈,仍来供职。此年作《书莲塘书屋册后》一文。

续表

胡居仁	陈献章
五十一岁　卒　明宪宗成化二十年甲辰(1484)　五十七岁	
二月十二日,公卒。	南归,居家傍母,讲学不倦。为侍御史李昆作《永慕堂记》、为县令丁积作《关西丁氏族谱序》。
明宪宗成化二十一年乙巳(1485)　五十八岁	
	闰四月,作《道学传序》。
明宪宗成化二十三年丁未(1487)　六十岁	
	春夏间疫作,先生之孙亦遭而亡一人。
明孝宗弘治元年戊申(1488)　六十一岁	
	四月,门人李承箕裹粮而来,先生筑楚云台居之。先生与之登临吊古,赋诗染翰,投壶饮酒,凡天地间耳目所闻见,古今上下载籍所存,无不语。作《六十一自寿诗》二首,十二月作《送李世卿还嘉鱼序》。
明孝宗弘治二年己酉(1489)　六十二岁	
	作《送张进士廷实还京序》。九月,作《九日庐山示诸友》诗,盖李承箕、张廷实去后,时在先生侧者有潘汉、叶宏、谢佑等人。
明孝宗弘治四年辛亥(1491)　六十四岁	
	冬十月,与大夏等泛舟至匡门,有建慈元庙之议。前此,先生尝梦一女人饰立于大忠祠之上曰:"请先生启之。"十年后,果建庙于大忠祠以奉太后杨氏。 杨敷过白沙,与先生唱和,留数月而返。

续表

胡居仁	陈献章
明孝宗弘治五年壬子(1492)　六十五岁	
	门人张希载、邓珙来从学。
明孝宗弘治六年癸丑(1493)　六十六岁	
	三月，作《罗伦传》；九月，作《增城刘氏祠堂记》。
明孝宗弘治七年甲寅(1494)　六十七岁	
	二月，湛若水来白沙从学，迄先生下世。尹凤同来。夏，作《肇庆府城隍庙记》。十月，作《跋清献崔公题剑阁词》(即宋之崔菊坡，为先生平生心仪者)。冬，慈元庙成。
明孝宗弘治八年乙卯(1495)　六十八岁	
	正月，部书复至，通判顾叔龙以两司命来劝驾，先生辞不就。二月十六日，林太夫人去世。服阕，绝不衣锦绣，曰："向为亲娱耳。"四月八日，葬林大夫人于小庐山。四月，表兄何处素卒。
明孝宗弘治九年丙辰(1496)　六十九岁	
	正月，先生迁先考之墓与先妣同处。按察使李白洲仿富郑公故事，破数百金买园一区于羊城，欲奉先生，先生力辞。 嘉会楼成。 李承箕自嘉鱼来，与湛甘泉往游罗浮。七月，感风，手足不仁。 门人陈茂烈奉使广东，来白沙受业。

续表

胡居仁	陈献章
明孝宗弘治十年丁巳(1497)	七十岁
	春,作《丁知县庙记》。冬,作《韶州风采楼记》。
明孝宗弘治十一年戊午(1498)	七十一岁
	三月,作《重修梧州学记》。十月,与门人刑部主事兰溪姜鳞祭林太夫人之墓,有《祭林夫人文》。
明孝宗弘治十二年己未(1499)	七十二岁
	夏,病小愈,作《慈元庙记》。
明孝宗弘治十三年庚申(1500)	七十三岁　卒
	有京官疏荐于朝,命将及门,先生于二月十日逝世。 元配张氏早逝,有二子,长景云,岁贡;次景旸,邑庠生,先卒。女二。孙三,曰田、曰畹,皆邑庠生;曰豸,尚幼。继室罗氏,无所出。
明神宗万历十三年乙酉(1558)	
诏以先生从祀孔庙,追谥文敬。	诏以先生从祀礼庙,谥文恭。

注1:《明史》与《明儒学案》皆言胡居仁与罗伦、张元顺友善,会于弋阳之龟峰、余干之应天寺,又讲学贵溪桐源书院,然皆不系年月,莫定何时,故不系之于上表。

注2:参考资料:杨希闽编,《胡文敬公年谱》,收入《十五家年谱》第四册(台北:中国文献出版社,1966);陈郁夫编,《明陈白沙先生献章年谱》(台北:台湾商务印书馆,1980)。

参考书目

专书(古籍)

1. (元)吴澄,《吴文正公集》,台北:新文丰出版社,1985。

2. (元)金履祥,《书经注》,台北:新文丰出版社,1981。

3. (元)许衡,《鲁斋遗书》,台北:台湾商务印书馆,1983。

4. (元)许谦,《读论语丛说》,台北:台湾商务印书馆,1981。

5. (宋)陈淳,《北溪大全集》,台北:台湾商务印书馆,1983。

6. (宋)陈淳,《北溪字义》,台北:台湾商务印书馆,1983。

7. (元)黄溍,《金华黄先生文集》,台北:艺文印书馆,1971。

8. (宋)朱熹,《四书集注》,台北:艺文印书馆,1980。

9. (宋)朱熹,《晦庵先生朱文公文集》,上海:上海书店,1989。

10. (宋)何基,《何北山先生遗集》,上海:商务印书馆,1935。

11. (宋)真德秀,《大学衍义》,济南:山东友谊书社,1991。

12. (宋)真德秀,《西山先生真文忠公文集》,上海:上海书店,1989。

13. (宋)张载,《张载集》,台北:汉京文化事业,1983。

14. (宋)程颢、程颐,《河南程氏遗书》,台北:汉京文化事业,1983。

15. (宋)黄榦,《勉斋先生黄文肃公文集》,北京:线装书局,2004。

16. (宋)魏了翁,《鹤山先生大全文集》,上海:上海书店,1989。

17. (元)脱脱,《宋史》,北京:中华书局,1977。

18. (元)程钜夫,《雪楼集》,台北图书馆,1970。

19. (明)方孝孺,《逊志斋集》,上海:上海书店,1989。

20. (明)王守仁,《王阳明全书》,台北:正中书局,1979。

21. (明)王畿,《龙溪王先生全集》,台南:庄严文化事业,1997。

22. (明)吴与弼,《康斋集》,台北:台湾商务印书馆,1983。

23. (明)宋濂,《元史》,北京:中华书局,1976。

24. (明)宋濂,《文宪集》,上海:古籍出版社,19910。

25. (明)宋濂,《宋景濂未刻集》,上海:古籍出版社,1991。

26. (明)胡居仁,《胡文敬集》,台北:台湾商务印书馆,1986。

27. (明)胡居仁,《居业录》,台北:广文书局,1991。

28. (明)陈献章,《白沙子全集》,台北:台湾商务印书馆,1973。

29. (明)陈献章,《陈白沙集》,台北:商务印书馆,1986。

30. (明)冯琦原编,陈邦瞻纂辑,《宋史纪事本末》,台北:台湾商务印书馆,1956。

31. (明)黄宗羲,《明儒学案》,台北:华世出版社,1987。

32. (明)黄宗羲撰,全祖望补,《宋元学案》,台北:中华书局,1984。

33. (明)薛瑄,《读书续录》,济南:山东友谊书社出版,1991。

34. (明)罗钦顺,《困知记》,台北:广文书局,1991。

35. (清)永瑢,《四库全书总目提要》,台北:台湾商务印书馆,1983。

36。(清)皮锡瑞,《经学历史》,台北:文海出版社,1964。

37. (清)容肇祖,《明代思想史》,台北:台湾开明书局,1982。

38. (清)张廷玉,《明史》,北京:中华书局,1995。

39. (清)嵇璜,《续文献通考》,台北:台湾商务印书馆,1983。

40. (清)杨希闵编,《胡文敬公年谱》,台北:中国文献出版社,1966。

专书

1. 王懋竑,《朱子年谱》,台北:世界书局出版,1984。

2. 加藤常贤监修,蔡懋棠译,《中国思想史》,台北:学生书局,1978。

3. 古清美,《明代理学论文集》,台北:大安出版社,1990。

4. 宇野精一主编,洪顺隆译,《中国思想之研究一》,台北:幼狮文化事业公司,1977。

5. 安田二郎,《中国近世思想研究》,东京:筑摩书房,1976。

6. 牟宗三,《中国哲学思想论集·宋明篇》,台北:牧童出版社,1977。

7. 牟宗三,《心体与性体》,台北:正中书局出版,1985。

8. 牟宗三,《从陆象山到刘蕺山》,台北:学生书局,1984。

9. 狄百瑞(Wm. Theodore de Bary)著,李弘祺译,《中国的自由传统》,台北:联经出版,1983。

10. 林继平,《明学探微》,台北:台湾商务印书馆,1984。

11. 侯外庐编,《宋明理学史》,北京:人民出版社,1987。

12. 姜允明,《心学的现代诠释》,台北:东大出版社,1988。

13. 柯绍忞,《新元史》,台北:艺文印书馆,1951。

14. 唐君毅,《中国哲学原论·原教篇》,台北:学生书局,1984。

15. 秦家懿,《王阳明》,台北:东大图书公司,1987。

16. 张建仁,《明代教育管理度研究》,台北:文津出版社,1993。

17. 陈来,《朱熹哲学研究》,北京:中国社会科学出版社,1987。

18. 陈郁夫编,《明陈白沙先生献章年谱》,台北:台湾商务印书馆,1980。

19. 陈荣捷,《王阳明传习录详注集评》,台北:学生书局,1983。

20. 陈荣捷,《王阳明与禅》,台北:学生书局,1984。

21. 陈荣捷,《朱学论集》,台北:学生书局,1982。

22. 章沛,《陈白沙哲学思想研究》,广州:广东人民出版社,1984。

23. 劳思光,《中国哲学史》,台北:三民书局,1985。

24. 冯友兰,《中国哲学史》,台北:太平洋图书公司,1956。

25. 黄秀玑,《张载》,台北:东大图书公司,1987。

26. 黄桂兰,《白沙学说及其诗之研究》,台北:文史哲出版社,1981。

27. 蒙培元,《理学的演变:从朱熹到王夫之戴震》,福州:福建人民出版社,1984。

28. 蒋伯潜,《理学纂要》,台北:正中书局,1953。

29. 黎靖德编,《朱子语类》,台北:华世出版社,1987。

30. 钱穆,《朱子新学案》,台北:三民书局,1971。

31. 钱穆,《中国学术思想史论丛七》,台北:东大图书出版,1978。

32. 钱穆,《宋明理学概述》,台北:学生书局,1984。

33. Edward T. Ch'ien, *Chiao Hung and the Restructuring of Neo-Confucianism in the Late Ming*. New York: Columbia University Press, 1986.

34. Tillman, Hoyt Cleveland, *Confucian Discourse and Chu Hsi's Ascendancy*. Honolulu: University of Hawai'i Press, 1992.

35. Jiang. Paul Yun-ming. *The Search for Mind: Ch'en Pai-sha, Philosopher-Port*. Singapore: Singapore University Press, 1980.

论文

1. 山井涌著,徐远和译,《经书与糟粕》,收入冈田武彦等著,《日本学者论中国哲学史》(台北:骆驼出版社,1987),页 405～426。

2. 古清美,《朱子理学在明代前半期的变化与发展》,发表于 1988 年宋代文学与思想研讨会。

3. 甲凯,《明代的学风与士习》,《中国历史学会史学集刊》,期七(台北:中国历史学会,1975),页 179～185。

4. 唐君毅,《阳明学与朱子学》,收入中华学术院编,《阳明学论文集》(台北:中华学院印行,1972),页 47～56。

5. 岛田虔次,《王阳明与王龙溪——主观唯心论的高潮》,收入冈田武彦等著,《日本学者论中国哲学史》(台北:骆驼出版社,1987),页 388～404。

6. 张亨,《张载"太虚即气"疏释》,收入氏著,《思文之际论集——儒道思想的现代诠释》(台北:允晨文化,1997),页 192～248。

7. 蒙培元,《论朱熹理学向王阳明心学的演变》,《哲学研究》,期六(北京:1983),页 61～69。

8. Chan, Wing-tsit, "Chan Jo-shui'S influence on Wang Yang-ming," *Philosophy East and West*, 23. 1～2(1973).

9. Elman, Benjamin A., "Political, Social, and Cultural Reproduction via Civil Service Examination in Late Imperial China," *The Journal of Asian Studies* 50.1(1991), pp.7～28.

10. Liu, James TC., "How Did a Neo-Confucian School Become the State Orthodoxy?" *Philosphy East and West* 23.4(1973), pp. 483～505.

博硕论文

1. 黄敏浩,《湛甘泉的生平及其思想》,台北:台湾大学中国文学系硕士论文,1988。

后　记

这本论文是代表我在台大中文所研读三年的成果。当年是在张亨老师和何佑森老师的课堂上，首次接触到宋明理学的课题，困惑难懂实在多于清晰理解，但却也在两位老师的启蒙之下知道一些重要的论题。论文是在古清美老师的指导下完成的，古老师一直很热心地帮助，也耐心地详读每一个字，指导纠正，对于初踏入研究领域的我，能遇到如此热心的老师，实在受益良多。除了在此表示对这三位老师的感谢之外，我也感谢更怀念当年台大研究所的同班同学，与那些优秀用功的同学共学，我不仅在学识上获益，更享受纯真可贵的友谊。

现在我在撰写我的博士论文，仍是关于明代学术文化史方面的论题，希望能够更恰切掌握个人的思想与当代政治社会和制度间密切的联系。此时重读这篇硕士论文，虽然它关注的层面狭隘，并未论及当时政治、经济、社会的影响，但已考虑学术传承和个人思想间的关系。不仅对我个人今日的研究是个重要的起点，希望对于读者也是个有兴趣的论题。

1996 年